JN227220

古代ギリシャのリアル

ギリシャ神話研究家
藤村シシン

ΕΛΛΑΔΟΣ ΑΛΗΘΕΙΑ

実業之日本社

はじめに

「はじめに、君たちに言っておきたいことがある。『ギリシャといえば、青い海、白亜の神殿！』なんてイメージは幻想だ。古代ギリシャ人は海をワイン色と表現する。そして古代ギリシャ語には元々『青』も『海』を表す単語もなかった。そして古代ギリシャの神殿は極彩色で彩色されていたから、元々白亜ではなかったんだ」[*1]

――まさに「青い海、白亜の神殿！」という爽《さわ》やかなイメージに恋い焦《こ》がれ、古代ギリシャ史研究の門を叩いた私は、先生のこの言葉に殴られたような衝撃を受けました。

＊1 アファイア神殿の破風《はふ》部分のV. Brinkmanによる彩色再現。極彩色の衣装をまとったギリシャ神話の英雄パリスが弓をひいている。

「じゃ、じゃあ、私がギリシャの象徴だと思ってたパルテノン神殿のイメージは、古代とはかけ離れてるってことですか⁉」と驚く私に、先生はとっておきの秘密を話すように、こう続けました。

「色だけじゃない。もし、君がいま正面だと思ってるパルテノン神殿[*2]が、実際は裏側だ、と言ったらどうする？　そして本当は神殿ですらないかもしれない、と言ったら？」

――どうしようもなく心が躍《おど》りました！

実際は白ではないパルテノン神殿。なぜか逆向きに建っていて、しかも本当は神殿ではないかもしれない……。

パルテノン神殿ただ一つで、これだけワクワクするような話がある！　……ということは、ギリシャ文明、ギリシャ神話、そしてそれらを作った古代ギリシャ人たちを知れば、どれだけの心躍る発見があるだろう！　――それこそ、私が、これまでも、そしてこれからも古代ギリシャを追いかける一番の動機で

＊2　「正面口」から見るパルテノン神殿。詳細は35ページへ

あり、この本を書く理由です。

ぜひ私と一緒に、古代ギリシャの真の正面口に回り込んでみませんか？　そこには世界史の教科書や哲学書のイメージの古代人とはちょっと違う、「古代ギリシャのリアル」が垣間見えます。

それを見た皆さんが、私と同じように「極彩色の神殿……、悪趣味だと思ったけど悪くない気がしてきた！」と思ったり、ただの瓦礫《がれき》の山を見てワクワクしたりしていただけたら、大変うれしく思います。


では、いざ、語り始めましょう！

かつてこの地に住まいし古代ギリシャ人、そして彼らが愛したギリシャ神話の真実を！

現代・古代・神話
ギリシャ地図

<> 内は現代名

本書であつかう世界遺産の遺跡

想像上（神話上）の地名

現代のギリシャ情報

国名：ギリシャ共和国

国土：約 13 万 km^2

（日本の 3 分の 1）

人口：約 1100 万人（2013 年）

（東京都の人口より 200 万人少ない）

首都：アテネ（人口約 300 万人）

宗教：ギリシャ正教（キリスト教）

言語：現代ギリシャ語

国歌：「自由への賛歌」

（158 番まであり、すべて演奏すると 1 時間かかる）

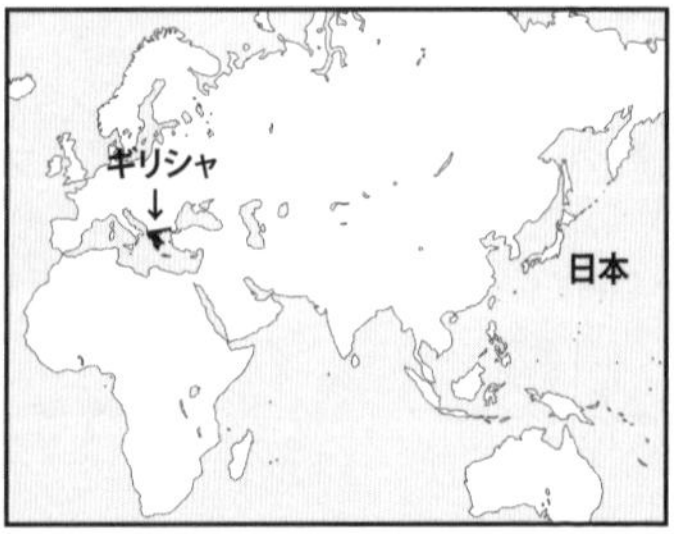

極北人（ヒュベルボレイオイ）の住む常春の理想郷（ギリシャの遥か北）
トラキア
（アレス神の誕生地）
神々が住まうと考えられたギリシャの最高峰
オリンポス山
（ヘファイストス神がオリンポスから投げ飛ばされてここに着地）
レムノス島
ポセイドン神の海底王国（エウボイア沖）
アポロン神の神託所（大地の中心）
パルナソス山
エウボイア島
イオニア海
ヘルメス神の誕生地
デルフォイ
<デルフィ>
アイガイア海
<エーゲ海>
ヘリケ★
キュレネ山
アテナイ
<アテネ>
エリス
アルカディア
エピダウロス
デロス島
オリンピア
（古代オリンピックの開催地）
★スパルタ
←シチリア島
・エンナ
デメテル女神、娘コレーをギリシャの男神たちから守るためにシチリア島のエンナに隠す。
・オルテュギア島
アルテミス女神の誕生地
タイナロン岬
洞窟はハデス神が治める地下の冥界に通じている（タイナロン岬など）
クレタ島
アテナ女神の誕生地
↓リビア・トリトニス湖
ディクテー山（ゼウス神の誕生地）

未来〜現代〜古代〜神話時代までの　ギリシャ年表

古代ギリシャ人のイメージする未来

世界も人間もどんどん質が悪くなっている…このまま善悪の区別が消え、モラルが崩壊して人間に滅びが来るのだろう…

現代	2020年	東京オリンピック（予定）	ギリシャのオリンピアの聖域で灯された聖火が東京へ。（予定）
	2009年〜	ギリシャ経済危機	
	2004年	アテネオリンピック開催	
	1987年	「黒いアテナ」論争勃発	女神アテナは本当は白人ではなく黒人だったのでは？　という大論争
	1974年	君主制の廃止、現在にいたるギリシャ共和国に	
	1934年	大英博物館のスキャンダル発覚	「ギリシャと言えば白」というイメージでパルテノン神殿のレリーフが金タワシでピッカピカに漂白された。
近代	1832年〜	「ギリシャ王国」誕生	多くの「ギリシャっぽくないもの」がアテネから破壊される。
	1821年	ギリシャ独立戦争勃発	
	18世紀〜	西洋でギリシャブーム到来	

時代	年	出来事	解説
近世	1687年	ヴェネツィア軍、パルテノン神殿を爆破	西洋の輝かしい建築物、西洋人によって破壊される。
中世		ギリシャ史、空白の1000年	これ以降、「ギリシャ人」を名乗る人は千年間歴史上からいなくなる
ローマ期	393年	古代オリンピックの廃止	古代ギリシャの神々への崇拝の終焉
	212年	アントニヌス勅令	ギリシャ人がローマ人を自称するようになる。
ヘレニズム期	前334年	アレクサンドロス大王の東方遠征	
	前431年	ペロポネソス戦争の勃発	アテナイ中心のデロス同盟、対、スパルタ中心のペロポネソス同盟。
古典期	前447年	パルテノン神殿の建立	
	前490年	ペルシャ戦争の勃発	ギリシャ、ペルシャ帝国との戦いに勝利。
アルカイック期	前8世紀頃	叙事詩『イリアス』『オデュッセイア』が成立する。	トロイア戦争を扱ったホメロスによる叙事詩。

ここから古代

古代ギリシャの文化や学問が花開いた最盛期。

ギリシャが東洋の影響を強く受けていた時代。死にかけでも薄く笑っている「アルカイック・スマイル」の美術で有名。

実際の歴史上のできごと

前1200年頃
文明の崩壊

前1300年頃
ミケーネ時代最盛期

堅牢な城壁に囲まれた閉鎖的な戦乱の時代

前1450年頃
ミノア文明の崩壊

ミノア文明は城壁のない華やかで開放的な文明。

歴史時代と神話時代の境目はあいまい

神話時代

前776年	最初の古代オリンピック開催	ここから古代ギリシャの歴史が始まる
前1150～	暗黒時代の始まり	文字資料が残っていない混乱の時代
前1250年頃	トロイア戦争	ギリシャとトロイアの戦争。ギリシャ神話の中で最後の出来事。
前1300年頃	英雄ヘラクレスの冒険	ヘラクレスはギリシャ神話最大の英雄
前1400年頃	酒神ディオニュソスが生まれる	ディオニュソスはオリンポス十二神で最も若い神。
前1450年頃	洪水により世界が滅びる	ゼウス神が大洪水により一度人間を滅ぼす。
白銀時代	ティターン大戦	ゼウス神が父であるクロノス神を倒し、最高神に。
黄金時代	農耕神クロノスによる統治	人間にとって最も幸せな時代。
	ウラノス神の去勢	クロノス神が父であるウラノス神を倒し、最高神になる。
	天空神ウラノスによる統治。	
宇宙の誕生	カオス（空虚）から宇宙が生まれる	

オリンポス十二神 相関図

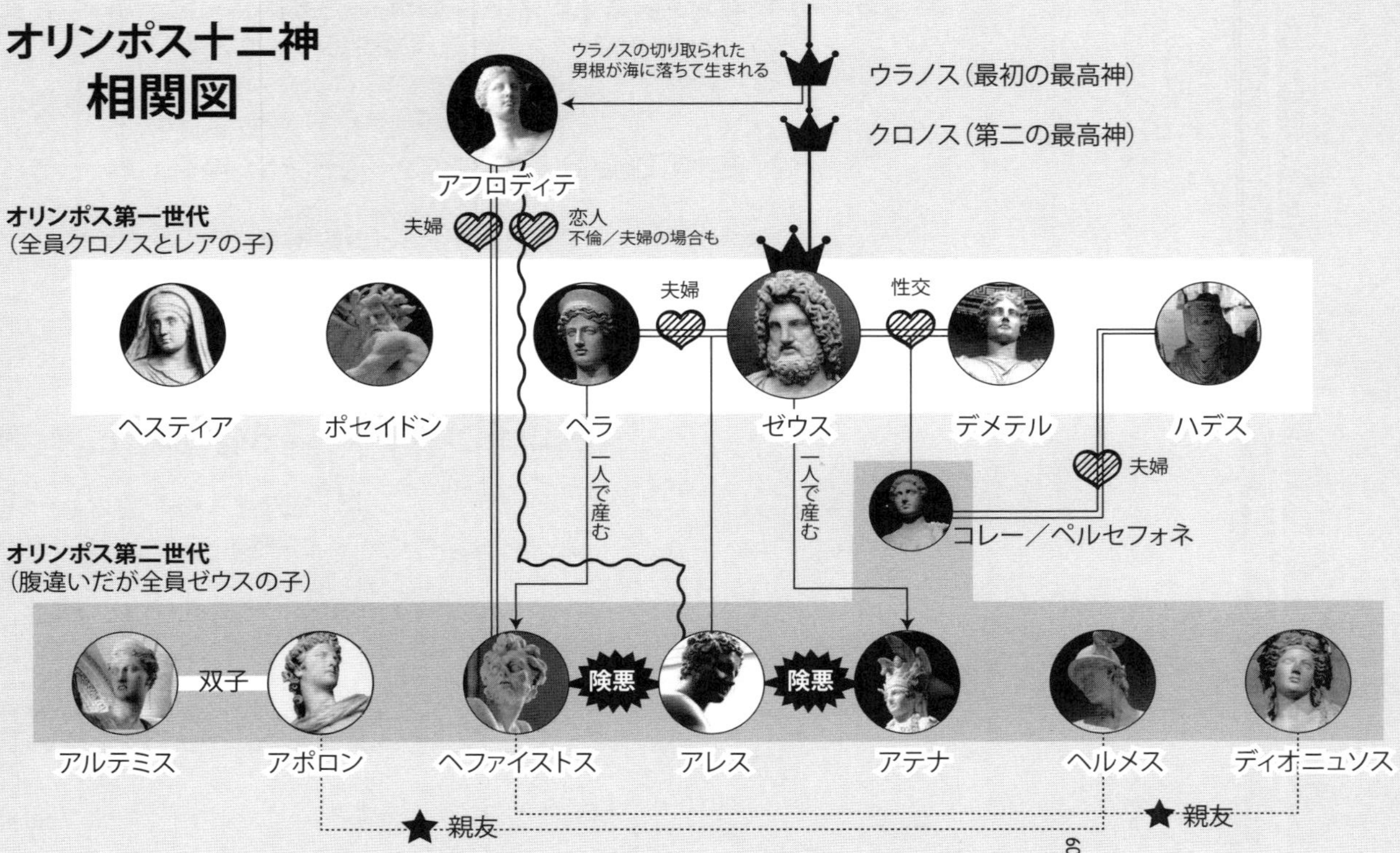

古代ギリシャのリアル

目次

資料協力　横浜市大倉山記念館
企画協力　黒川巧
星彦、夏秋香、千矢子、ひわだ、
大学の先生方、植松久美子
cafe OLIVE 妙蓮寺
ブックデザイン　吉永昌生、ワイズファクトリー
DTP　ワイズファクトリー
カバーイラスト　藤村シシン

第1章
「古代ギリシャ」の復元

1 漂白されたギリシャ

ギリシャはいつ誰によって「漂白」されたか

「ギリシャといえば、青い空、青い海、そして白亜の神殿」

――まずは私たちがイメージしているこのギリシャを、本来の「ブロンズ色の空、ワイン色の海、そしてカラフルな神殿」に塗り直すところから語りはじめましょう。

今、白い神殿の塗り絵を渡されて、「好きな色に塗っていい」と言われたとしても、「いや、神殿といえば白亜だから……」と色を付けずに返す人が多いと思います。しかし古代ギリシャ人なら、これを赤、青、黄色と、さまざまな色で塗り潰してくれます。元々彼らの神殿は極彩色に彩《いろど》られていた＊1からです。

＊1　古代の色を再現した神殿や彫刻。

私たちはなぜ「ギリシャの神殿＝白亜」のイメージを持っているのでしょうか？　いつ、誰によって刷り込まれたのでしょうか？

その疑問には、１９３９年に発覚した大英博物館の大スキャンダルが端的な答えを用意してくれています。世界で一番有名な博物館のスキャンダル……、それは「所蔵するパルテノン神殿のフリーズに対する破壊行為[*2]」事件でした。

これは「本来、美術品は元の状態で保護するのが大原則なのに、職員が意図的にフリーズの表面に残された色を残らず金ダワシでゴシゴシ削り取った。結果としてパルテノン神殿の色彩は永遠に再現不可能になってしまった」という衝撃的なものでした。

そしてこの時、職員は「博物館のスポンサーに『もっと白くしろ！　そのほうが大衆に受ける！』と命令されてピッカピカに白く磨き上げちゃいました……」と証言したのです。

この事件からわかるのは、**「当時の西欧の人々は、ギリシャの神殿は白くなければいけない、と思っていた」**ということです。

ヨーロッパでは18世紀半ばからギリシャブーム[*3]が起こり、「ギリシャは崇高

＊2　イギリスの大英博物館にあるパルテノン・フリーズ（フリーズとは建物上部の横長の装飾彫刻）。真っ白である。ちなみにギリシャ側は「これは略奪されたものだから返してくれ！」と言っている。

＊3　新古典主義。理性・合理性の追求の中で、ギリシャは「単純美」の象徴になった。

で静謐《せいひつ》、単純美のシンボルでないといけない。そのためには色つきのゴテゴテはダメ。大理石は白く輝いてないといけない、神殿は白亜でなければならない！」と考えたのでした。

そしてこのイメージの改ざんはパルテノン神殿のレリーフという一つのものにとどまらず、ギリシャという国家全体にも行われていたのです。

ギリシャは1832年に「ギリシャ王国」[*4]として独立したあと、バイエルンの国王の次男オットー1世がギリシャの国王の座につきました。その際、建築家を引き連れて自分のイメージする「古代ギリシャ風」の国につくり直させようとしたのです。

たとえば、「古代ギリシャではアテネ（アテナイ）が文芸の中心都市だった。だからアテネを首都にしよう」と遷都を決定。しかし、当時のアテネ[*5]は古代の栄光の面影はまるでない小さな田舎町でしかありませんでした。

そして当時のアテネにあったイスラム的な入り組んだ小道や、モスクや、公衆浴場など、「古代ギリシャっぽくない」ものは破壊され、代わりに新古典様式の建物など、「古代ギリシャっぽい」建築物が次々に建てられていったので

＊4　今は「ギリシャ共和国」だが、独立当初は「ギリシャ王国」だった。外からやってきたドイツ人がギリシャの国王になるのは不思議に思えるかもしれないが、当時ギリシャは独立といっても西欧列強の影響下にあった。

＊5　19世紀前半のアテネの風景（左）。手前がゼウス神殿、奥がパルテノン神殿。

した。

しかし西洋人はなぜ、ここまで古代ギリシャを理想化したのでしょうか。これは**ギリシャ文明を自分たち西洋世界の共通のルーツ**だと思っていたからといえます。

都市、民主政、自由、秩序、理性、男性中心……、近代の西洋人が「文明的だ」と思っていたものの多くは古代ギリシャが出発点だと考えられていました。**文明的なもの＝古代ギリシャ的なもの**と言っても過言ではないかもしれません。東洋とは異なる価値観をもつ、西洋の起源としてギリシャ……、それが近世の西洋人の「理想の古代ギリシャ」＊6のイメージなのでした。

漂白されているのはもっと大きな歴史か

しかし、20世紀末。さらに大きな問題が提起されます。

それは、彫刻に対するねつ造よりももっと大きな、「歴史全体に対するねつ造」問題――そう、「**古代ギリシャを西洋の起源に仕立てあげていること自体、ヨー**

＊6　18世紀後半、ギリシャを訪れたヨーロッパ人は、現代ギリシャ人を「古代ギリシャ人の末裔」だと考え、オスマントルコに支配されている状態からヨーロッパの始祖である彼らを救い出さねばならない、と感じた。それが1821年のギリシャ独立戦争へとつながる。
現代ギリシャ人は世界の人々の興味が常に自分たちではなく古代に向けられていることに困惑してはいるが、同時に「古代ギリシャ人の末裔」ポジションも捨てがたいのでジレンマを抱えている。

ロッパ人による『歴史のねつ造』なのではないか？」という問題です。

これは今もなお「黒いアテナ論争」[*7]として世界を巻きこんでいる大論争です。

今、私たちは、ギリシャ神話の処女神アテナ[*8]を金髪で青い目をした「白人の女神」としてイメージしていますが、それはここ200年間に西欧人によって作られたものではないか？　本当は「黒い肌の女神」だったのではないか？　つまり、**ギリシャ文明はエジプト文明をはじめアフリカやアジアに起源があり、西洋文明の出発点は古代ギリシャではなく東洋に置くべきではないのか？**

我々の知る古代ギリシャは、本当は何もかも漂白されているのではないか？

……という驚くべき問題提起でした。これは西洋社会に大きな衝撃を与え、2015年現在、未だ決着がついていない問題です。

パルテノン神殿の色彩は削り取られて本当の色はわからなくなってしまいましたが、本来そこにつけられていた色は、エジプトやアジア的な色彩だったのか――。古代ギリシャ世界全体の東方的な色彩も削り取られているのかどうか――。

少なくとも、**今の私たちが抱いている「白亜の、白人の、古代ギリシャ」[*9]は**

*7　1987年に発行されたマーティン・バーナル『黒いアテナ』に端を発する歴史のねつ造問題。この本は「聖書以来、東地中海世界についての最も議論された本」とも評される。

*8　アテナ女神（左）。アテナイ市の守護神でもある。↓102ページ

「西洋の人たちがそうであってほしかったギリシャ」の幻想が投影されていることは確かです。

それでは、もっと鮮やかなギリシャを求めて、今度は現代ギリシャ人の目から古代ギリシャを見てみることにしましょう。

＊9 たとえば、ギリシャ神話の中でも特に有名な英雄ペルセウスがアンドロメダ姫を怪物から救出する話があるが、アンドロメダはエチオピア（アフリカ）の姫なので、本来は黒人である可能性が高い（ただし古代ギリシャ人の言う「エチオピア」は曖昧で広範囲）。しかし西洋の絵画では彼女は白人で描かれることがほとんどである。

ジュゼッペ・チェーザリ画『ペルセウスとアンドロメダ』

コラム1

なぜ血や涙は「緑色」なのか?
——古代ギリシャ人の色彩の世界

「ワイン色のエーゲ海」「ワイン色の羊」
「緑色に滴《したた》る血と涙」「緑色に輝くはちみつや雨」
「虹の帯は三色で構成されている……緑と、赤と、そして紫」

これは古代ギリシャ人が使う色彩表現の数々です。私たちからはとても奇妙な表現に感じます。なぜ海を青ではなく、ワイン色と表現するのか、血や涙がどうして緑に見えるのか。古代ギリシャ人は青をはじめ、いろいろな色を判別することができなかったのでしょうか?　それとも、目で見えていてもそれを表す言葉がなかっただけでしょうか？（たとえば、純粋に「青」を示す単語[*10]が古代ギリシャ語にはありません）。この答えとしては、まず「色」の概念のちがいが挙げられます。私達たちとって「色」といえば第一に色相の違い（赤、黄色、緑、青……）ですが、彼らにとっては「明るいか、暗いか」「白いか、黒いか」といった明度や彩度のちがいのほうが大きいのです。そのため虹の色[*11]のちがいに対しては鈍感です。

さらに、古代ギリシャ人の表現する「色」は、物のうわべや表面的な色ではなく、質感やそれ自体が持つ性質を表すことがあります。

たとえば、古代ギリシャ語の「緑色」は、豊かさやみずみずしさ、生命力を持つもの全般に使われます。朝露、涙、血、汗、手足などです。

一方で、「紫色」は流れたり動いたりするものに使われます。だから古代ギリシャ人にとっては海や打ち寄せる波は紫色なのです。

さらに「白」はすばやく動くもので、犬や馬などに使われます。

これを踏まえて冒頭の古代ギリシャ人の色彩表現をもう一度見てみると、

*10　青を表現できる言葉は「キュアノス」と「グラウコス」があるものの、
・キュアノス――黒、深緑、深青、深灰色など「明度が低い色」全般に使う。
・グラウコス――灰、灰緑（灰青）、黄土色、茶色など「彩度が低い色」全般に使う
と、いずれも単体で青を表現することができない。

*11　ただし、虹は紫1色から3色、4色、時代が下がると7色の時もある。

「ワイン色のエーゲ海」「ワイン色の羊」

↓「波が打ち寄せるエーゲ海」[12]「動き回っている羊」

「緑色に滴る血と涙」「緑色に輝くはちみつ」

↓「生命力にあふれる血と涙」「みずみずしく新鮮なはちみつ」

となります。このように彼らは色の中にさまざまなものを見ていた[13]のです。

＊12　この他に日没の時の暗い海を表現している、という説もある。「ワイン色」は単に暗い色全般にも使われる。

＊13　目に見えた色ではなく色の持つイメージを利用するのは私たちもよく使う表現法。「真っ赤な太陽」「青々とした木々」「黄色い声」など。

2 「ギリシャ史」1000年の空白を超えて

なぜ「中世ギリシャ人」はひとりもいないのか

2009年の経済破綻以降、一躍世界のニュースのトップに躍り出たギリシャ[*14]。

「古代ギリシャにはソクラテスとかアリストテレス[*15]とか偉い人がたくさんいたのに、なんで今のギリシャは経済破綻するくらいダメになっちゃったの?」

――こんな感想もよく聞かれます。しかしこれは、縄文時代から現在まで、約1万6500年間を途切れることなく「通史」として自分の国の歴史を語ることができる私たち日本人だから出る感想かもしれません。

「古代ギリシャ人」「現代ギリシャ人」という単語はよく聞きますが、「中世ギ

*14 「ギリシャ」いう名前は「グラエキア」から来ており、外国が勝手につけたもの。現代ギリシャ語でギリシャは「エラス」。古代ギリシャ語では「ヘラス」。これは「日本」が国際的には「ジパング」に由来する「Japan」と呼ばれているのと似ている。

*15 ソクラテスは古代ギリシャ最初の哲学者、アリストテレスはその孫弟子で「万学の祖」と呼ばれる。

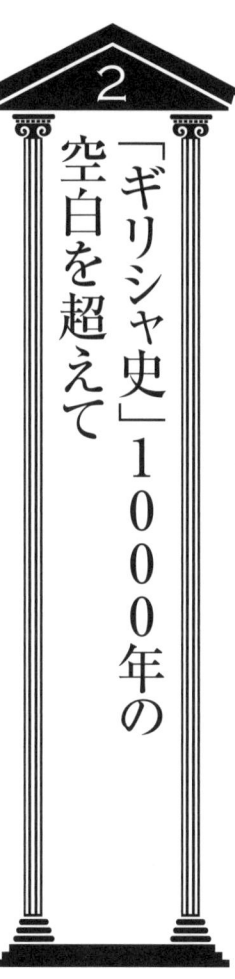

リシャ人」という表現は聞きません。これは中世~近世の約1000年間、自らをギリシャ人と名乗る人はひとりもいなかったからです。ギリシャ史には1000年間の空白があり、古代ギリシャ人は一度完全に滅んでいるため、現代のギリシャ人と直接的な血の繋がり、歴史の繋がりがありません。

古代ギリシャ人はなぜひとりもいなくなったのか……。これは古代ローマの中に吸収されてしまったからです。紀元前2世紀ごろからローマの支配を受けるようになった古代ギリシャ人たちは、次第に自分たちを[*16]「ロマイオイ（ローマ人）」と称するようになります。そのほうが政治的に得だったからです。すると次第に「ギリシャ人《ヘレネス》」という言葉は「野蛮人」を指す言葉へと変わっていきます。こうしてギリシャ人はアイデンティティを喪失し、6世紀には「ギリシャ人」を名乗る人はひとりもいなくなってしまったのです。

そして次にギリシャ人を名乗る人が現れるのは19世紀、ギリシャ独立戦争の時なので、実質[*17]1000年間ギリシャ人は地球上にいなかった計算になります。

こういった歴史上の断絶にくわえ、現代ギリシャと古代ギリシャには宗教面でも大きな違いがあります。現代ギリシャ人は一神教のキリスト教徒[*18]（東方正

*16　212年アントニヌス勅令で、ローマに住む自由人は誰でもローマ人になれるとのお触れがあった。

*17　ギリシャ史の空白期間は6世紀~19世紀のギリシャ独立戦争期まで。この期間、「ギリシャ」は存在していない。東ローマ帝国、オスマン帝国に飲みこまれていた。

教徒）なので、ギリシャ神話（ご存じの通り多神教！）を信じていた古代ギリシャ人に対しては、「異教徒で自分たちとはまったく違う連中」と考えていました。

そのため、19世紀のギリシャ独立後に、周りの勝手なイメージで町が古代ギリシャっぽく作り変えられた時は、「古代とやらが俺たちに一体なんの意味があるんだ？」「なんで遺跡の保護で今生きてる我々の土地を奪うんだ？」とのブーイングが続出でした。

しかし「なんか実際にギリシャ来てみたらイメージ違うなぁ……」と気づき始めた西洋人が去り、ギリシャブームが下火になると、そこで改めて現代ギリシャ人は「俺たちのギリシャ」を作り始めます。自分のたちの中にある、相反する〈古代ギリシャ〉と〈キリスト教〉、〈東洋〉と〈西洋〉の要素を融合し、「西洋文明の起源」という立場を逆手にとって、「ヨーロッパ人どもを相手にひと儲けしてやろうぜ！」とたくましく生きる、今の魅力的な「ギリシャ」を！

だから、宗教も血も違い、ここまでさんざんイメージに引っ掻き回されたとはいえ、現代ギリシャ人*19は精神的に古代ギリシャを誇りに思っています。

*18 東方正教会は、カトリック、プロテスタントと同じくキリスト教の一派。最大の特徴は偶像崇拝の禁止で、聖堂内に立体の像はない。ギリシャの教会の中はイコン（宗教画）で装飾されている。

(右)奇岩の上に建てられた東方正教会の修道院（メテオラ）。世界遺産としても有名。

それはこの言葉によく表れています――
「我々ギリシャ人が哲学や天文学や民主主義を発明した時、貴様らヨーロッパ人はまだ森の中の猿だったのだ！」[*20]

「古代ギリシャ」は存在しない

さあ、現代から時代をさかのぼって、いよいよ古代ギリシャまでやってきました。まず、勘違いしやすい部分ではありますが、**古代には「ギリシャ」という一つの国は一度たりとも存在したことがありません。……というのも、紀元前8世紀以降、古代ギリシャは大小1500個の都市国家[*21]（ポリス）という共同体[*22]ごとに独立していて、統一されたことはない**からです。古代ギリシャは絶対者な力を持つ王がいない世界で、貴族や平民などの身分差はあれど、すべての階級の人々が土地を持ち、社会的に自立していました。
しかし、「現実の古代ギリシャには王がいないのに、なぜギリシャ神話の中に

*19 現代ギリシャ人に「古代ギリシャをどう思う？」と聞くとさまざまな答えが返ってくる。「観光客は古代ギリシャ目当てで俺たち（現代ギリシャ）には興味がないんだよな」、「ヨーロッパ人が古代ギリシャの栄光を全部持ってっちまった！　今のギリシャには瓦礫と貧しさしか残ってねえ！」。

*20 現代ギリシャ人を描くコメディ映画『マイ・ビッグ・ファット・ウェディング』で現代ギリシャ人が西洋人に言うセリフ。ちなみに、どれくらい古代ギリシャ語が世界に影響を与えているかという場面のギャグで、「日本語の『着物』もギリシャ語の『キモーナス（冬）』が語源だろう。冬になると人は服を着るから」というひと幕もある。

*21 都市国家はアクロポリス（城山）とアゴラ（広場）を中心としたコミュニティ。1つの都市国家

はたくさんの王が出てくるのか？」というと、これは古代ギリシャの時代が始まる以前、ミケーネ時代[*23]には王がいたからです。神話は古代ギリシャ人にとって「遥かな過去」の話ですから、この世界観を反映しています（これは2章でお話しします）。

さて、「ギリシャ」という一つの国ができあがらなかったのは、土地が山がちで平野がほとんどない本土と小さな島々で成り立っていたことも大きな原因のひとつです。

平野が少なく島が多い、という点では日本の国土も似ているかもしれませんが、決定的に違うのは、ギリシャは今も昔も雨の少ない痩せた土地[*24]だということ。よくこんな岩だらけの土地で人類の英知が花開いたなぁ、と驚きますが、古代ギリシャ人自身は「土地が豊かだと逆に人間が貧弱になるんだよ！　アジア人みたいにな！」[*25]と言っているので、当のアジア人としては複雑な気分ではあります。

しかし、一つの統一された国家がないのだとしたら、「古代ギリシャ人」をどう定義したらよいのでしょうか？　この疑問については当の古代ギリシャ人が自分の口でこんな風に説明してくれています。

に、どんなに多くても住民1万人未満がほとんど。

＊22　スパルタ市では世襲の王がいたが、その権限は非常に制限されたものだった。

＊23　ミケーネ時代に作られた門。この時代には王がいて、城壁に囲まれた堅牢な宮殿がいくつも作られていた。

＊24　ギリシャは乾季（3～10月）と雨季（11～2月）の二季。アテネの年間降雨量は東京の4分の1。そのほとんどが雨季の間に降る。

「昔はもっと緑豊かだったので

「我々は同じギリシャ人《ヘレネス》だ。同じ血を持ち、同じ言葉を話し、同じ神々を信仰し、同じ生活習慣を持っている」（ヘロドトス『歴史』）

――つまり祖先を同じくし、ギリシャ語を喋り、ギリシャ神話を信じ、同じ生活サイクルで人生を送っている人々が「古代ギリシャ人《ヘレネス》」。そしてこれから本書でお話しするのも彼らの神話、彼らの日常生活になります。

なぜ古代ギリシャ語には『海』という単語がないのか

最後に、古代ギリシャが成立する前の時代についてお話しておきましょう。

ギリシャといえば真っ青な海を連想する人も多いでしょう。地図を見ても、ギリシャは地中海、エーゲ海、イオニア海に囲まれた半島です。それにも関わらず、古代ギリシャ語には元々「海」という単語がありませんでした。[26]

古代ギリシャ語で「海」を表す単語「θάλασσα（タラッサ）」は、古代ギリシャ

は？」と思われるかもしれない。実は古代ギリシャ人自身も「昔はこのあたりも肥沃な土地だったに違いない」と思っていた。が、古代ギリシャは昔から痩せた土地で、むしろ今のほうが緑が多い、という研究結果がある。

＊25 医学の祖、ヒポクラテスによる医学全集に載っている論文『空気、水、場所について』に「アジア人の住む地域の気候が極端に暑くも寒くもなく、さほど変化がないということは、彼らの心が惰弱で臆病であることの原因である」とある。医学の祖にこんなこと書かれているとショックがでかい。

語にはありえない音の並びをしています。これはたとえば日本語にとっての「ラーメン」「カレー」「スパゲッティ」などの外来語に相当します。これが意味することはつまり、**古代ギリシャ人は元々は海を知らない場所に住んでいた民族だった**、ということです。

元々ヨーロッパの内陸に住んでいた原ギリシャ人*27が、ある時に何らかの理由でバルカン半島に大移動してきて今のギリシャのあたりに到達。その際、

「おい、そこの先住民。あのでっかい湖はなんていう名前なの？」

「お、お前ら『海《タラッサ》』を知らねえのか……」

……というような会話があったのかもしれません。「タラッサ」という音は、この地の先住民の言葉だからです。

こうして今のギリシャに移動してきた彼らは、先住民の文化を吸収し、あるいは征服することで、次第に「古代ギリシャ人」になってきます。

この民族的な経験は彼らの神話にも大きな影響を及ぼします。たとえば、元々地震の神であったポセイドンは海の神へと変わっていきます（地震と津波はセットでくるからです）。

＊26 青い海に浮かぶ無数の島々、美しい海岸線はギリシャの風景の代名詞。

＊27 彼らはインド・ヨーロッパ語族の一派。南下の時期の違いによってイオニア系、アイオリス系、ドリス系にさらに分かれている。最後に南下してきたドリス人は他の2種族に先輩面をされている。

あるいは自分たちが元々持っていた神「ゼウス」と先住民の女神「ヘラ」を結びつけます。こうしてギリシャ神話で最も有名な夫婦、最高神ゼウスと神々の女王ヘラの話は形作られていったのです。*28

それでは、極彩色の神殿をくぐって、その中に祀られている鮮烈な神々の話をしましょう！

*28 ↓76ページ

コラム2

パルテノン神殿の七ふしぎ ―〝百足の宝物殿〟から瓦礫の中のモスクへ

ギリシャで最も有名な世界遺産といえば、アテネのパルテノン神殿[*29]です。誰もが一度は写真やテレビで見たことがあり、ギリシャの神殿といえばこれ！というイメージです。しかし実は最も謎が多く、異形の神殿の一つでもあるのです。この神殿の謎を少し読み解いていきましょう。

1 パルテノン神殿は最初「百足（ヘカトンペドス）」と呼ばれていた

この神殿は紀元前5世紀に建てられた傑作ですが、建設当初は「パルテノン」とは呼ばれておらず、「ヘカトンペドス（百足）」と呼ばれていました。なぜこ

*29 パルテノン神殿は紀元前447年から建設が始まり、紀元前438年に完工した。今でもアテネのアクロポリス（城山）にある。

んな名前で呼ばれていたかはよくわかっていませんが、「神殿の内部にあった部屋が100歩（約30ｍ）で歩けるから」と考えられています。

2 「パルテノン」とは「処女のいる場所」という意味

「パルテノン」という現在の呼称が初めて登場するのは紀元前4世紀の史料の中です。「パルテノン」は「処女宮（処女のいる場所）」という意味ですが、なぜこう呼ばれているのかも実はわかっていません。この神殿に関係がある女神アテナが処女（パルテノス）だと考えられていたから、という解釈が一般的ですが、女神アテナに捧げるための衣を織っていた処女を住まわせていたからだとか、昔はここで処女を生け贄に捧げていたからだとか、さまざまな説があります。

3 前門を入って見えるパルテノン神殿は裏側

古代ギリシャの神殿の多くは東向きに建てられています。パルテノン神殿も例にもれず東を向いて建っていて入口も東側にありました[*30]……が、今、前門を

*30 正面（東側）から見たパルテノン神殿。

くぐって私たちが見ているパルテノン神殿は西側、つまり裏側から見ていることになります。

なぜ神殿の正面の東側に前門を作らなかったかというと、パルテノン神殿が建っているアクロポリス（城山）の東側は断崖絶壁すぎて、人が登り降りできる道を作れなかったからです。

4 パルテノン神殿は神殿ではない

神殿の正面には必ず祭壇[*31]があります。これは神殿に向かって祭儀をするためですが、実はパルテノン神殿には祭壇がありません。神殿の中には巨大なアテナ像が収められていましたが、古代のアテナイ人はこの像を崇拝の対象ではなく、単に「もしもの際の金を備蓄するための像」と呼んでいたのです。というのも、アテナ像を覆っていた金の装飾はすべて取り外せるようになっていて、有事の際に持ち出せるように細工してあったからです。

パルテノン神殿には、神官も、祭壇も、この像を祀るいかなる祭祀もありません……、つまりここは一般的な「神殿」ではなく、本質的には「宝物庫」と

＊31 ギリシャ祭壇は神殿の外（アウトドア）にある。これは犠牲獣を焼いた煙を天上の神々に届けるため。

いったほうが近いのです。

5 中世にはキリスト教の教会に、その後イスラム教のモスクに、その後要塞に改装され、最後には爆破された

中世に入ると、「ギリシャ人」を名乗る人はもちろん、古いギリシャの神々を信じる人々は一人もいなくなりました。しかしそれでもパルテノン神殿はこの場に立ち続けていました。

パルテノン神殿は紀元後6世紀ごろに聖母マリア教会へと改修、その後15世紀になってオスマン帝国の占領下に入ると、今度はイスラム教のモスクへと改修され[*31]、宗教は違えど崇拝の場として長く使用されていたのです。

しかし、17世紀に入るとここへヴェネツィア軍が攻め入り、オスマン帝国はパルテノン神殿を要塞化して弾薬の貯蔵庫に変えました。これは「パルテノン神殿なら、西洋の連中も敬意を払うはずだから攻撃できるはずがない！」と計算してのことでしたが、ヴェネツィア軍は構わず砲弾をぶちこんで、結果神殿の内部の弾薬に引火、爆発炎上……。2000年間、頻発する地震にもほぼ無

＊31　この改修にともなって東側の入口は閉鎖され、教会の鐘楼やモスクのミナレット（塔）が付け加えられた。

（左）17世紀のパルテノン神殿。ミナレットが見える

傷で耐えられていたパルテノン神殿は、ここに完全に破壊されてしまったのです。[*32]

6 古代のパルテノン神殿にあって、修復された今のパルテノン神殿にないもの

19世紀にギリシャが独立すると、「古代ギリシャのころのパルテノン神殿に戻そう」と修復[*33]が始まり、今に至っています。しかし、古代のパルテノン神殿にあって、修復された今のパルテノン神殿にはないものがあります。それは色です。

これまでお話してきたとおり、「本当の」パルテノン神殿は、白亜ではなく極彩色に彩られていたのですから!

神殿ではなく宝物庫、そして教会、モスク、要塞……、とあらゆる姿を持つこの不思議な建築物。白亜ではなく極彩色……、パルテノン神殿一つにギリシャの複雑な歴史と本質がぎゅっと凝縮されているように思えます。

＊32　瓦礫と化したパルテノン神殿の中に建てられたモスク。

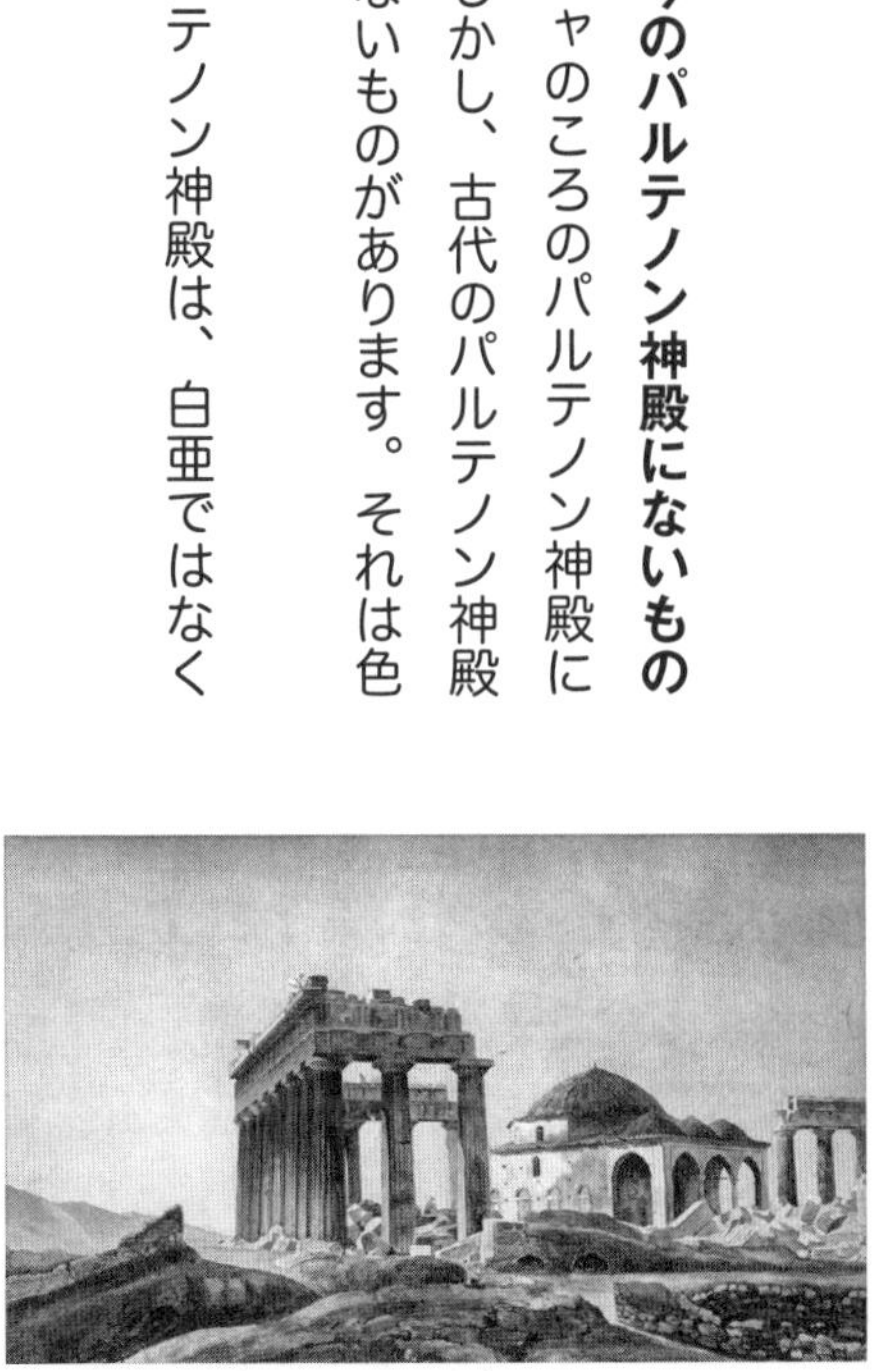

＊33　ここでイスラム教的な装飾はすべて外されたが、これには批判もある。古代ギリシャだけがパルテノン神殿の歴史のすべてではないからだ。

7 日本とパルテノン神殿の関わり

一見完全な直線で構成されているように見えるパルテノンですが、床は排水のために中央が盛り上がり、柱は内側に傾くように建てられています。

そして柱自体は中央がやや膨らみつつ、上に向かって細くなる様式、「エンタシス」が施されています。古代ギリシャ人が柱をエンタシスで建てた理由は、「直線で構成された柱は遠くから見ると目の錯覚で真ん中がへこんで見えてしまうから」、「神殿全体を重々しく見せるため（屋根の重さで柱が押しつぶされているように見せるため）」、「直線的にすぼまる柱より、中ほどを膨らませつつすぼまっている柱のほうが構造上の面で丈夫になるから」などの説があります。

実は紀元後7世紀に建立された世界最古の日本の木造建築・法隆寺[34]の柱にもこのエンタシスが使われています。これに気づいた明治時代の人々は、アレクサンドロス大王の東方遠征によってギリシャのエンタシスがインドへ渡り、それが日本の法隆寺にもたらされたのではないか[35]、と考えました。

紀元前5世紀に作られたギリシャのパルテノン神殿の柱の膨らみが、

＊34　伊東忠太『法隆寺建築論』（1893年）日本美術を高く評価した明治時代の東洋美術史家フェノロサも「日本の一部の歴史学者は、法隆寺を中国経由のギリシャ的仏教美術の影響を受けて行われた、と信じている。」と書いている。フェノロサ『東洋美術史綱』

＊35　法隆寺のエンタシスの柱（右）。一方で、クレタ島のクノッソス宮殿では、てっぺんが太く底が細くなっている柱を建てていた。これはこの当時の柱は石ではなく糸

1000年以上をかけて西洋、中東、東洋を経由し、遥か6000km離れた極東の日本に伝わった……。そうであるならばなんとも雄大でドラマティックな話ですが、残念ながらこの説には確かな根拠がありません（本当にそうならギリシャ～日本の間に同じ形状の柱を持った構造物がなければなりません）。そのため現在では「たまたま」説が濃厚です。

杉を磨いて作られており、上下逆に立てることで雨水による木へのダメージを最小限に抑えるためだと考えられている。この柱の様式は日本でも横浜市大倉山記念館で見ることができる（大倉山はアテネの姉妹都市で町の大通りもギリシャ風にしている）。

第2章
ギリシャ神話の世界

1 ギリシャ神話のリアル

なぜ、かつて神話が人を殺したのか

「ギリシャ神話」と聞いて、どんなものを思い浮かべるでしょうか。

十二星座占いでおなじみのファンタジックな星々の神話でしょうか。あるいは神と人間とが繰り広げる、情熱的でロマンチックな恋の物語でしょうか。

今私たちがギリシャ神話だと思っているものが、古代ギリシャ人が語った元々の神話とどう違うか、まずは一つ例をあげてみましょう。

十二星座のひとつでおなじみ、「双子座」[*1]。

星座の名前の由来になった双子の兄弟「カストルとポルックス（ポリュデウ

*1　この双子座をはじめとする「十二星座」自体は古代ギリシャ人が作ったものではない。十二星座（十二宮）の起源は、バビロニアなどの中東のメソポタミアで、古代ギリシャ人はそこに後づけで神話を結びつけただけに過ぎない。しかも全天の星座を神話に結びつけたのは、かなりあとのヘレニズム期になってからだった。ギリシャ固有の星座としては、おなじみのオリオン座などがある。しかし「オリオン」は古代ギリシャ語で「放尿する男」を意味し、オリオン座が昇っている間は雨季だったので、「オリオン様〜！　恵みのおしっこをありがとう〜！」と古代では説明されることもあり、ロマンチックとはほど遠い星座だった。

ケス）」の神話は、星座占いや星にご興味がある方ならご存じかもしれません。仲がよい双子であり、死ぬ時も一緒で、今も空に仲よく並んでいるとプラネタリウムなどで説明してもらうこともあり、私たちには幼くかわいらしい少年の姿でイメージされます。

しかし、**元々の古代ギリシャの神話では、彼らは軍勢を率《ひき》いて数多《あまた》の町を戦争で火の海にした恐ろしいスパルタ出身の双子の軍神**[*2]でした。

「遠い昔、カストルとポルックスは、さらわれた妹ヘレネを取り返すため、数多の兵をともないアテナイを侵略し、この地の村々を廃墟と成した」（ヘロドトス『歴史』より）

これは神話上の架空の話です。それにも関わらず、神話は現実の古代ギリシャ世界に絶大な影響力を及ぼし、時に人間の生死すら決定します。

たとえば紀元前431年、ギリシャではペロポネソス戦争が勃発しました。

この時、スパルタ軍がアテナイ市に攻め込みましたが、デケレイア地区にだけ

＊2　槍を手に馬に乗り、軍神アレスとともに戦うカストル。

女性を略奪するカストルとポルックス。

は攻撃をしかけませんでした。その理由は、次のようなものでした。

スパルタ人「（神話上で）我らスパルタ人の軍神であるカストルとポルックスがアテナイに攻め入った際、この地区の人々だけはスパルタに味方してくれたと聞く。あの（神話の）ときは世話になった。だから我々もこの地区だけは荒らさない」

――こんな風に、古代ギリシャではたったひとつの神話上の登場人物の行為が、現実の大勢の人々の生死を分けます。

これは古代ギリシャ人にとっての神話が荒唐無稽なお伽話《とぎばなし》ではなく、[*3]「この世界がどう始まり、何によって構成されているか」を説明するための科学であり、自分たちの祖先がどう生き、どう戦って死んだかを記憶するための歴史だったからです。

彼らにとっての神話は、科学であり、歴史であり、政治であり、そして時には戦時において人間の生死にも影響力を持つ、きわめて現実的で致命的な物語

*3 ギリシャ神話の最初が「まず最初に混沌（カオス）があった……」から始まるのは有名な話。ただカオスを「混沌」と訳すのも古代ローマ期以降であり、古代ギリシャ語ではカオスは「すきま（空《くう》隙《げき》）」を意味する。まず最初にあったのは「すきま」である。

でした。

では、今から**かつて血のように鮮やかだったギリシャ神話**[*4]を紐解いていきましょう。

なぜ神々は残酷に人を殺すのか

「ギリシャ神話の神々はなぜあんなに残酷で、人間を身勝手に殺したり、気まぐれに人間をさらっていったりするの？」

時々こんなことを聞かれます。確かに古代ギリシャの神々は人間と同じく怒ったり、喜んだり、誰かを愛したり、詐欺、窃盗、性犯罪、大量殺戮など、さまざまな罪を犯します。

その疑問に対しては、こう考えると納得がいくかもしれません。

私たち人間は、特に残酷だとも思わずに羽虫を殺します。しかし虫の中には、美しい羽を持つ蝶もいて、虫かごに入れて愛《め》でる人もいるでしょう。あるいは、蜂のように鋭い針を持ち、人間をも恐れさせる強い虫もいます。

*4　ギリシャ神話には、「古代ギリシャ人が語った元々のギリシャ神話」の上に、「古代ローマ人が二次創作したギリシャ神話」の層が重なっている。さらにその上に「ルネッサンス期以降の人々が三次創作した絵画や物語」が重なっている。ギリシャ神話はミルフィーユ状で、今私たちの眼に見えているギリシャ神話の多くは上の二層だけといってもいい。「古代ギリシャ人が語った元々のギリシャ神話」に触れる機会は少ない。

古代ギリシャにおける神と人間は、ちょうどこの人間と虫との関係に似ています。つまり神々は「**人間から見ると強大な力を持つ超越的存在だが、慈悲深いわけでもなく、ましてや人類全体を愛してもいない**」ということです。

そして古代ギリシャの神々と人間を分ける唯一の違いは「死ぬか、死なないか」でした。そういう意味では、人間とは「死すべき神」、神とは「不死なる人間」と言い換えることもできます。それほどに神々は人間と同じく、いえそれ以上に情熱的で嫉妬深く、残酷だったのです。

人間と同じ姿で[*5]、同じように笑い、嘆《なげ》き、怒り、恋し、嫉妬し、憎み、しかし我々が考えもつかない理由で簡単に人間を殺す。恐ろしい不死なる存在――これが古代ギリシャ人の信じた神々の姿でした。

＊5 アポロン。神は人間の理想の姿で現される。古代ローマ人は「神には形がない」と考えていたので、後に同じポジションに該当するギリシャの神々の見た目を借り受ける。

2 オリンポス十二神とその履歴書

神々の履歴書　取扱い説明書

盗賊の守護をする神、軍神なのに常に負けっぱなしの神、最初から最後までずっと家にひきこもってる神——などなど、個性豊かなギリシャ神話の面々。その性格や祭儀も実にさまざまです。たとえば古代ギリシャ人は子どもが産まれたら子どもを司るアルテミスの神殿へお参りに行き、悩みがある時にはアポロンの神託所へ、盗みを働く時には窃盗の神ヘルメスにお供え物をし、ギリシャの各町にはそれぞれ守護神を置いて……と神とともに暮らしました。古代ギリシャでは、世界の至るところに、人生のあらゆる場面に、個性豊かな神が満ちていたのです。

そんな特色ある神々の職業／性格／台詞／出身地／誕生日／経歴／おもな祭

儀……などを、現代の私たちにおなじみの履歴書の形式でまとめました。

特に、数多くの神や英雄などが登場するギリシャ神話の中でも主要メンツである「オリンポス十二神」*6といわれる天界の神々を中心に取り上げます。ただ古代ギリシャではこの十二神に誰を入れるかには明確なルールはなく、各都市がほぼ自由に「推し神12柱」として決めているので、ここではよく推されている神を選んで掲載しています。

またギリシャ神話はひとりの詩人や国家権力によって作られたわけではなく、都市ごと、時代ごとに各自ご自由に好き勝手語られていたものです。「アテナは処女神だ」「処女神じゃない」というように、ひとつの神話に対して、根本的に相反する説もあります。ほかの都市の語る神話に「おい！　その神話は俺たちにとって不利だろう！　今すぐ訂正しろ！」とイチャモンつけることもありました。

「古代ギリシャ人は信じている一つの神話に対して複数の説があって、おかしいと思わなかったのか」という疑問を持たれることがありますが、それは**21世紀の現在の私たちでさえ、国家間での過去の歴史認識について一致できないの**

＊6　オリンポス十二神によく数えられる神は、ゼウス、ポセイドン、ヘラ、アテナ、アポロン、ヘファイストス、アレス、ヘルメス、デメテル、アフロディテ、アルテミス。ここにヘスティアかディオニュソスを入れて「十二神」にすることが多い。しかしコス島では、アレスとヘパイストスを抜いて、ディオニュソスとヘラクレスを入れている。また、オリンピアの十二神の祭壇では、優雅の女神カリテスや、河神アルフェオス、農耕神クロノスやその妻レアが入る。このように十二神の面子は地方によってかなり自由だった。

と同じです。古代ギリシャ人も都市間の神話認識は一致していないのです。

また、ギリシャ神話には年月とともにレイヤーがかかり、10世紀以降でもルネサンス期に新しい神話がつけ足されたり、今でも時代に合わせた新しくおもしろい神話がつけ加えられたりしています。[*7]

つまり「正しいギリシャ神話」があるわけではなく、ここに載せているものも有名どころやおもしろいと思うものの、ほんの一部です。ギリシャ神話はいつも語り直され、生き物のように時代に合わせて変化します。どうぞ皆さんもお気に入りの神様を見つけて、好きな解釈やエピソードをここに加えて語り直してください——古代ギリシャ人がそうしていたように！

＊7　本書では、紀元前8世紀の叙事詩『イリアス』から紀元後10世紀の最古のギリシャ語百科事典『スーダ』までから抜き出したものを履歴書内におさめている。

■「神々の履歴書」の見方

	誕生日	不明、ただし月の15日
	誕生地	クレタ島ディクテー洞 他さまざま
	家族構成	父／クロノス 母／レア 妻／ヘラ（ディオ…の場合もあり） 子供　【神】アテナ… アルテミス、ア… ディオニュソス… その他多数 【人間】ヘラク… カストル、ポリュ… その他多数
美称	ネフェレゲレタ（黒雲寄せる君）、アフェシオス（雨を降らせる君）、マイマクテス（荒れ狂う君）、イクマイオス（湿気の君…監視者）、パンヘレニオス（すべてのギリシャ人…神）、ソシポリス（都市の守護者）ほか	
女性遍歴	**無数。** **・知恵の女神メティス** 知恵の女神メティスを追いかけてセックス。しか…その子に王権を奪われるとお告げが下ったの…て殺した。しかし後日、ゼウスの脳みそをかち割…た（→106ページ）注8 その他デメテル、レト、テミスなどの女神にも手を… **・人間の少女イオ** ヘラの目を逃れてセックスしたが、バレそうにな…て難を逃れた……かに見えたが、ヘラに「やま…の牛を私がもらっても構わないわよね？」と振ら…をヘラに渡してしまう。イオはヘルメスによって助…	
男性遍歴	**・ガニュメデス** トロイアの少年。ゼウスはワシに変身して天界…」になっ…	

神々には「月誕生日」がある神がいる。これはひと月に一回誕生日がある、というもの。
たとえばアポロンの月誕生日は7日で、毎月7日目には必ずお祝いをする。つまり一年に12回～13回誕生日を祝われることになる。
ただ、その中でも年に一回、大きいアポロンの誕生祭が催される。（タルゲリオン月の7日）
（→暦については213ページ）

神々は最高神ゼウスを中心とした巨大なファミリー。

神話中は兄弟姉妹での近親婚が多いが、実際の古代ギリシャ人は近親婚をしない。


添え名、美称とも呼ばれる。

神はいろいろな分野をかけ持っている。

ヘルメスなら伝令や詐欺などである。

単に「ヘルメス様！」と名前を呼びかけただけではヘルメスに何をして欲しいかわからない。

そのため、

「ヘルメス・ディアクトロス！（伝令神ヘルメス）」

「ヘルメス・メカニオテス！（詐欺師ヘルメス）」

と添え名と共に具体的に呼びかける必要がある。

伝令神の彼が必要な時に詐欺師の彼に来られても困るからだ。

またこの他に、詩的な語感をつけくわえるためにも使われる。

その他、地域によってこの添え名を持っているヘルメスは崇拝するけど、この添え名の時は崇拝しない、などの区別もある。

添え名はとても奥深く、古代ギリシャ人も意味がわからないもの、今では意味がわからないものもある。アポロンの最も有名な添え名「フォイボス」も実は意味がわからないが、たぶん「輝ける君」というニュアンスだろう、という感じで訳されている。


「なんで男性の神に男性遍歴があるの？」

と思われるだろうが、古代ギリシャでは同性愛は普通である。むしろ同性愛しないといけない、と法律で定めている都市もある。

ただし、目上の男性が目下の男性を「教育する」という体なので、神々が人間男子と愛し合っている場合は「攻め（タチ）」ということである。（→232ページ）
※ただしディオニュソスは「受け（ネコ）」もやっている。

第2章　ギリシャ神話の世界——②オリンポス十二神とその履歴書

神話上の主な経歴

誕生	・父クロノスは子供に王権を奪われることを恐れ、子供が産まれるたびに丸呑みにしていた。しかし最後に産まれたゼウスだけは、父の目を逃れるためにクレタ島の洞窟に隠されて養育された。
成年期	・父クロノスにカラシと塩を飲ませて、今まで飲み込まれていた兄弟たち（ヘラやポセイドン、その他）を吐き出させる。
	ティタノマキア（ティターン大戦） 父クロノスが率いるティターン神族の軍勢と、ゼウス率いるオリンポス勢の戦い。戦いは10年間続いたが、ゼウス側が勝利した。（→82ページ） 勝利の功労者であるゼウス、ポセイドン、ハデスでくじを引き、ゼウスが天界を、ポセイドンが海界を、ハデスが冥界を支配することになった。
	・ヘラに求婚。最初は断られたが、みすぼらしいカッコウの鳥に変身して近づき、ヘラが哀れに思って胸で温めようとしたところをセックス。 ・ヘラとサモス島で結婚。300年間初夜が続いた。 ・子どもたちであるアレス、ヘパイストス、アポロン、アルテミスらが産まれる**（大部分が浮気で）**。
	ギガントマキア（巨人大戦） 巨人族がオリンポスの神々に対して起こした戦争。英雄ヘラクレスの力を借りつつ、神々の総力戦で退けた。
	怪獣テュポンとの戦い ゼウスは初戦でテュポンに敗北し、腱を切り取られて閉じ込められてしまう。しかしヘルメスが隠されていた腱を盗み返してゼウスに取りつけ、力を取り戻し、エトナ山を投げつけテュポンを倒す（そのためエトナ山は今でもテュポンが暴れて噴火する）。
	・ヘラ、ポセイドン、アポロンに反逆を受けて縛り上げられるが、海の女神テティスの援助により助かる。
紀元前12世紀ごろ	**トロイア戦争** ゼウスは増えすぎた人口を調整するために、トロイア戦争で人間の大量殺戮を考えついた。それゆえにゼウスは中立的立場。

主な崇拝地や特徴的な儀礼

山の頂上で祀られることが多い。牡牛、雄ヤギが捧げられる。

・オリンピアの競技祭

現代オリンピックの元祖。紀元前776年から始まり、ゼウスに捧げられ、古代ギリシャでもっとも大きな競技祭だった。4年に一度、夏に行われ、この期間はあらゆる戦争が禁止された。この競技祭で優勝することは古代ギリシャで最大の栄誉だった。

オリンピアの競技場。手前の石がスタートライン

・ドドナのゼウスの神託所

ゼウスの神木である樫の木のざわめきを神の声と解釈して神託を下す。

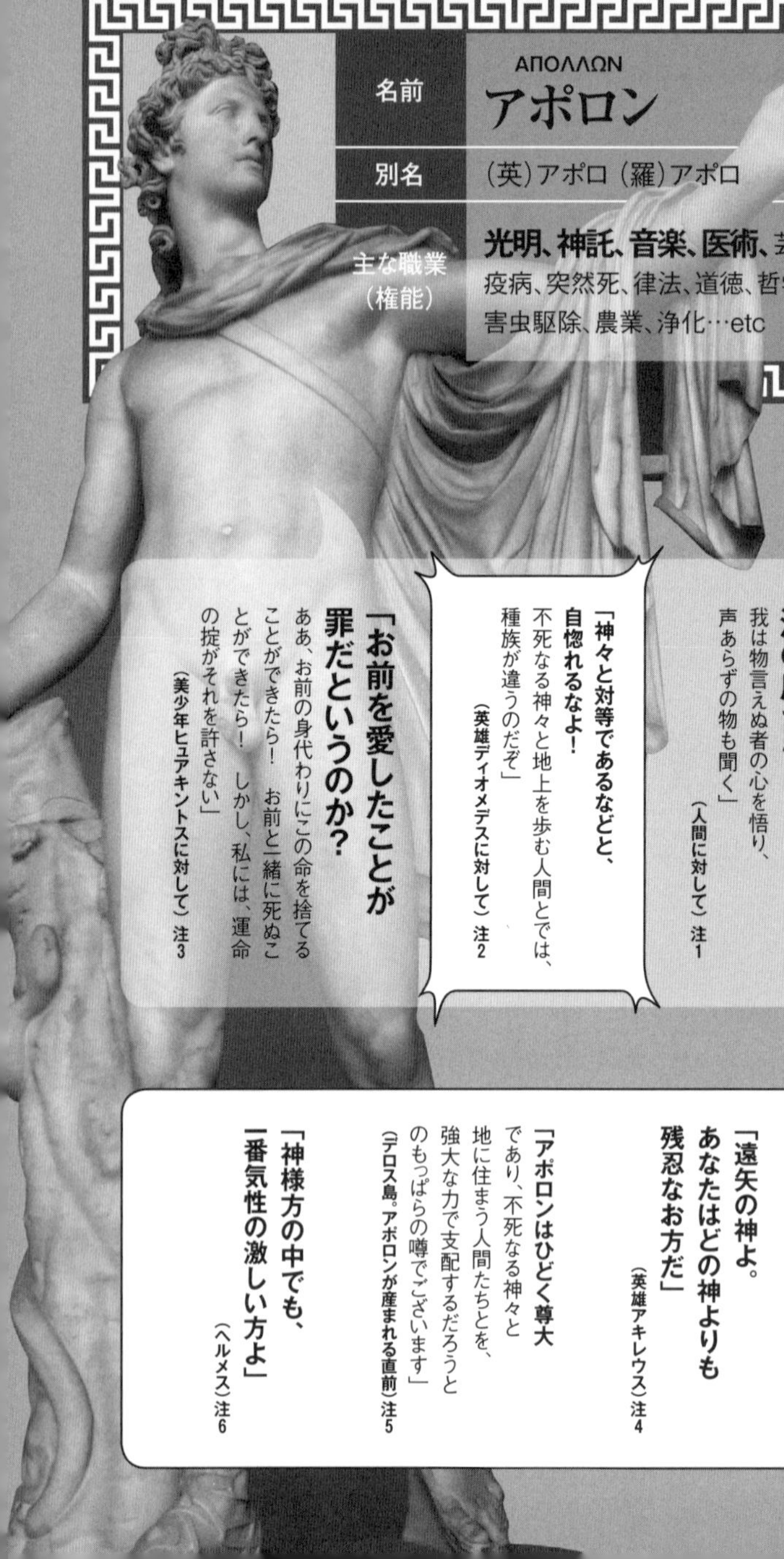

名前	ΑΠΟΛΛΩΝ **アポロン**　男性
別名	（英）アポロ（羅）アポロ
主な職業（権能）	**光明、神託、音楽、医術、**芸術、弓矢、疫病、突然死、律法、道徳、哲学、害虫駆除、農業、浄化…etc

有名なセリフ

「我は知る。真砂の数も海の広さも。

我は物言えぬ者の心を悟り、声あらずの物も聞く」

（人間に対して）注1

「神々と対等であるなどと、自惚れるなよ！

不死なる神々と地上を歩む人間とでは、種族が違うのだぞ」

（英雄ディオメデスに対して）注2

「お前を愛したことが罪だというのか？

ああ、お前の身代わりにこの命を捨てることができたら！　お前と一緒に死ぬことができたら！　しかし、私には、運命の掟がそれを許さない」

（美少年ヒュアキントスに対して）注3

周囲からの評価

「遠矢の神よ。あなたはどの神よりも残忍なお方だ」

（英雄アキレウス）注4

「アポロンはひどく尊大であり、不死なる神々と地に住まう人間たちとを、強大な力で支配するだろうとのもっぱらの噂でございます」

（デロス島。アポロンが産まれる直前）注5

「神様方の中でも、一番気性の激しい方よ」

（ヘルメス）注6

異国の死と疫病の神から一転、「最もギリシャらしい」光の神へ

「もっとも古代ギリシャらしい神」と言われ、芸術、医術、哲学など古代ギリシャで花開いた分野を司る光の神。

だが元々はギリシャ起源ではない異国の神であり、死神や疫病神としての要素が強かった。

彼が司るのは概念的な「光明」だったが、時代が下るにつれ太陽神ヘリオスと混同されるようになっていく。

そして20世紀になると『アポロ11号』の月面着陸のおかげで月にも関連づけられてしまう。まさに時代によって変わってゆくギリシャ神話そのものも体現する神である。

容姿

古代ギリシャの男性の理想像、金髪巻き毛の若い美青年。永遠の青春期を体現している。

●「アポロンは、金髪に輝く頭に、パルナソス山の月桂樹の冠をいただき、テュロス島の紫色で染めた長衣で地面を掃く。宝石とインド産の象牙で飾られた竪琴を左手に持ち、右手で撥をとった」注7

●「遠矢射るアポロンの君は真昼に輝く星のように船から飛び降りた。その体からはあふれる閃光が飛び散り、輝きは天にまで達した」注8

シンボル、持ち物（見分け方）

月桂冠、竪琴、銀の弓矢、鼎(三脚台)、数字の7
【動物】白鳥、ワタリガラス、イルカ、ライオン、狼
【植物】月桂樹、シュロの木(ヤシの木)、ヒマワリ、ヒヤシンス
白鳥の牽く戦車に乗っている

【左】大地に献酒するアポロン　【右】ベルヴェデーレのアポロン

誕生日	タルゲリア月(5〜6月)の7日、聖日は月の7日
誕生地	キュクラデス諸島デロス島内、シュロの木の下
家族構成	父／ゼウス 母／レト 姉／アルテミス(双子) 配偶者／なし(独身) 有名な息子／医神アスクレピオス、オルフェウス

注9

美称

フォイボス(輝ける君)、ファナイオス(光明の君)、ヘカエルゴス(遠矢射る君)、**ロクシアス(斜めの君。**※神託の言い方がへそ曲がりだから)、アレクシカコス(破邪の君)、アケストル(癒しの君)、**アルギュロトクソス(銀弓神)**、スミンテウス(ネズミの君)、パルノピオス(バッタの君)、エリュティビオス(白カビの君。※アポロンは疫病神のため、こういうまったく褒めてない別名も多い)

女性遍歴

コロニス(1)(→63ページ)、ダフネ(月桂樹)、

アイトゥーサ、アカカリス(水仙)(1)、アカカリス(2)、アカカリス(3)、アカカリス(4)、アガニッペ、アカンサ(アカンサス)、アステュコメ、アルカエピア、アルキュオネ、アルシノエ、アレイア、アンキアレ、アンピッサ、ウラニア、ウレア、エウアドネ、エウボイア、オーキュロエ、オスレイス、カスタリア、カッサンドラ、カリオペ、キオネ、キュレネ、クリュソテミス、クリュソルテ、クリュ…まわり)、グリュネ、クリュメネ、クレウーサ、ケライノー、コリュキア、…シノペ(1)、シノペ(2)、シュリス、…ダナイス、タレイア、ディア、テスピア、テミスト、テュイア、テロ、ドリュオペー(黒ポプラ)、バビュロ(バビロン)、パルテノペ、パルネティア、ヒュプシピュレ、ヒュペルムネストラ、ヒュリエ(白鳥)、プサマテー、プティア、プロクレア、プロトエ、ヘカテ、ヘカベー、ヘスティア、ペルセポネ、ポリナ、マルペッサ、マント、メライネー、メリア、リュキア、レウコトエ(乳香)、ロイオー、ロドエッサ、ロドペ、エルギノスの妻など。

無数

(ただし次のゼウスはこれ以上になるので以降は有名な相手のみ記す)

男性遍歴

ヒュアキントス(ヒヤシンス)

スパルタの美少年。2人で円盤投げに興じていたら、アポロンが投げた円盤が誤ってヒュアキントスの頭に当たり死亡。彼はヒアシンスの花に変えられた。スパルタでは毎年彼を悼む葬礼祭があった。

その他、アテュミニオス、アドニス、アドメトス、イアピュクス、カルノス、キュパリ…杉)、クラロス、ヒュアキントス(ヒヤシンス)、ヒュッポリトス、ヒュメナイオス(婚姻)、ブランカス、ボトニエウス、ポルバス、レウカテス

無数

神話上の主な経歴

誕生	デロス島のシュロの木の下に産まれる。**ヘラの妨害により究極の難産だった。**
1歳まで	すぐに極北の国(ヒュペルボレイオイの国)に白鳥に乗って運ばれる。この国はアポロンの最もお気に入りの国である。以降、一年のうち冬の間はギリシャを離れてこの国にバケーションにくる。
2歳	デルフォイにやってきて、聖域を警護していた大蛇ピュトンを死闘の末、射倒す。ギリシャの大地の中心であるデルフォイ神域を乗っ取る。**理由は「人間たちに私が神託を伝えてあげたいから」。** しかし神託所を開いて客を取ろうとしたところ、ピュトンを殺された大地母神ガイアが怒り狂ってアポロンの邪魔をする。つまりアポロンが神託を言う前に、人間の夢枕に立って先回りで神託を伝えてしまったのだった。結果アポロンの神託所には閑古鳥が鳴いた。 そこでアポロンの父ゼウスが仲介に入り、ゼウス「ガイアをわしのドドナの神託所で一緒に祀るから息子のことは勘弁してやってほしい」と頭を下げて事なきを得る。
成人後	・デルフォイで神託をしていたら、こんどは英雄ヘラクレスが汚い身なりで神託を求めに来たため断った。英雄は怒って腹いせにアポロンの仕事道具・三脚台をパクって逃走しようとしたが、これまた怒り狂ったアポロンが追って来て綱引き状態に。3日3晩「オーエス!オーエス!」と綱引きしていると、ゼウスが「お前らいい加減にせんか!」と2人を仲裁、事なきを得る。 ・ポセイドン、ヘラと共謀してゼウスへの謀反をした。しかし失敗してポセイドンと共に人間の奴隷をやる羽目になった。 奴隷になっている過程でポセイドンとトロイアの城壁を築く。しかし奴隷にも関わらず、その報酬を要求して主人と喧嘩。トロイアに疫病と怪物を送り込み、これが英雄ヘラクレスの活躍する「第一次トロイア戦争」に発展する。
	・息子アスクレピオスがとてつもない名医に成長し、死んだ者も生き返えらせるレベルに達した。これを危ぶんだ父ゼウスと冥王ハデスにより彼は殺された。当然アポロンは激怒。ただゼウス本人に復讐するのは難しいので、ゼウスの恩人である巨人族を射殺した。もちろん再びゼウスに怒られて、人間アドメトスの奴隷にさせられる。そこでまたひと騒動起こす(アポロンの人間臭い恋物語は奴隷になっている間の出来事であると解釈する説もある)。
紀元前12世紀ごろ	**トロイア戦争(第二次トロイア戦争)** 一貫してトロイア側を支援。英雄アキレウスの踵を射って殺す。 ※トロイア戦争はギリシャ神話上の最後の出来事。

三脚台を引きあう英雄ヘラクレスと神アポロン

主な崇拝地や特徴的な儀礼

・アポロンの神託（デルフォイ神域：世界遺産）

古代ギリシャ中で一番当たる占い。かつてギリシャ全土の政治と歴史の行く末を決定していた。アポロンの巫女が三脚台（三つ足が付いた大きい鍋）の上に座り、月桂樹を食みながら、火山性のガスを吸ってトランス状態になる。その状態でアポロンに問いたい質問や未来を問う。意識朦朧状態の巫女は謎めいた言葉を返すので、神官がそれを解釈・整理化して述べ伝える。

ただしアポロンが仕事やる気がない時（これは犠牲に捧げる牛に元気がないなどの兆しで読み取る）は「本日の神託は中止」になる。待っている人がごまんと居ようが、神はマイペースで自分勝手である。加えて冬の間はアポロンのバケーションであるため、神託はしない。神は人間の都合には合わせないのである。**注10**

デルフォイで神託を行うアポロン。右奥に座るアポロンの前に置かれている三脚台の上に巫女が座って予言を行った。

・ピュティア競技祭（デルフォイ）

ギリシャの4大競技祭のひとつ。スポーツの他に歌や詩の朗読のコンテストもある。勝者は月桂樹の枝、月桂冠がもらえる（月桂冠なんぞは数日で枯れる無価値なものだが、お金のためではなく栄誉のために戦う）。**注11**

デルフォイのアポロン神殿

・カルネイア祭（スパルタ）

この祭りが行われる一週間はあらゆる軍事行動（戦闘、遠征）が禁止される。というのも、かつてアポロンが好きだった美少年カルネオスがスパルタ人によって殺されたため、疫病がスパルタ陣営を襲った。その怒りを宥め続けるために、毎年この期間の軍事行動を控える。**注12**

テルモピュライの戦いの時には、スパルタはこのお祭りの最中だったため、軍を動かせず王を含めた300人でペルシャ軍数万と戦った。**注13**

注1：ヘロドトス『歴史』第1巻47節　**注2**：ホメロス『イリアス』第5歌440行目　**注3**：オウィディウス『変身物語』第10巻201行目以下　**注4**：ホメロス『イリアス』第22歌15行目　**注5**：『ホメーロスの諸神讃歌』「アポローン讃歌」（讃歌第3番）68行目以下　**注6**：『ホメーロスの諸神讃歌』「ヘルメース讃歌」（讃歌第4番）307行目以下　**注7**：オウィディウス『変身物語』第11巻165行目以下　**注8**：『ホメーロスの諸神讃歌』「アポローン讃歌」（讃歌第3番）440行目以下　**注9**：アポロンが産まれたシュロの木の下　**注10**：パウサニアス『ギリシア案内記』第10巻5章1節以下　**注11**：オウィディウス『変身物語』第1巻440行目以下　**注12**：パウサニアス『ギリシア記』第3巻13章3節　**注13**：ヘロドトス『歴史』第7巻206節

アポロン、NASAの勘違いで宇宙へ

1969年、**アメリカ航空宇宙局（NASA）の宇宙船アポロ11号[*8]が月面着陸を成し遂げたことにより、古代ギリシャ史どころか宇宙史に永遠に名を刻んでいる神、アポロン。**

NASAのアポロ計画の責任者はこう言っています。[*9]

「僕はギリシャ神話の本を読みあさって……、それでこの計画の名を光や音楽や太陽の神アポロンに決めた。彼は自分の馬車を駆って大空を駆ける。彼の名は月への有人飛行という壮大な計画にぴったりだ、と思ったんだ」

しかし、この発言を古代ギリシャ人が聞いたら、

「いつの間にアポロン、そんなことをするようになったんだよ!!」と返されてしまうでしょう。

アポロンは今では太陽の馬車を駆って大空をかけるという「太陽神」のイメージが強いですが、それは本来の太陽神ヘリオスの役割と混同された結果[*10]です。

※8　アポロはアポロンの英語読み。

*9　旧NASAルイス研究センターによるニュースリリース（1969年7月14日）

*10　紀元前4世紀以降、徐々にアポロンとヘリオスは混同されていく。（左）太陽神ヘリオス。

なぜ光の神が疫病の神でもあるのか

ではアポロン自身は何の神なのかというと、太陽よりさらに広い概念的な意味での「光明の神」です。未開の、蒙昧《もうまい》な、無知の闇を打ち破るような文明の光です。古代ギリシャは人類にとって重要な学問や芸術分野が花開いた人類の青春期だと形容されることがありますが、その古代ギリシャのまばゆい青春期をさらに一身で代表するのがアポロンです。

ですから芸術、哲学、秩序、医術、神託（予知）、文明……など「人間が文明的であるために必要なもの」はアポロンの領域に入っています。

しかし、光はポジティブな面だけはありません。光は隠しておきたいものを暴き立て、植物を枯らし、物を腐らせ、疫病を流行らせ、生き物を殺します。

ですからアポロンは疫病を流行らせる恐ろしい神で、人間の突然死にも関わる死神でもありました。

ちなみに、「疫病」を流行らせる神でありつつ、「医術」の神でもあるので、完全なマッチポンプと言えます。放火魔が第一発見者、「お前がやってお前が

＊11　野蛮を制圧するように英雄たちに命じるアポロン（オリンピアのゼウス神殿の西の破風）。このレリーフの中でアポロンは秩序や文明の体現として表現されている。

手柄か！」状態です。

なぜアポロンはギリシャが嫌いなのか

ところで、アポロンは「最もギリシャらしい神」とも呼ばれます。前述のとおり理性や哲学、医術など古代ギリシャで花開いた分野を司り、見た目も美しく若々しく朗らかで、古代ギリシャの理想の男性像そのものだからです。

しかし、「アポロン」という名は元々の古代ギリシャ語ではありえない音の並びをしています。つまり彼は**古代ギリシャを代表しながら皮肉にも made in Greeceではない、あとからやってきた新参の、外来の神**[*12]だったということです。

この事実は神話上にも歴史上にも強く記憶されています。たとえばトロイア戦争という神話の中の大戦争でも、アポロンは一貫してギリシャの敵国であるトロイア側の味方をして多くのギリシャ人を殺しています。

*12　アポロンが具体的にどこからやってきたかについては北方渡来説やアジア渡来説などさまざまな説があり、いまだよくわかっていない。
しかし確かなのは古代ギリシャ人自身が「アポロンは外来の、新米の神だ」と認識していた、ということだ。
ちなみに、古代ギリシャ語は方言が豊かなので、「アポロン」という名も地域によってアプルン、アペロン、アペイロンなどさまざまに発音された。

また、一年中ギリシャに居を構えているわけでもありません。毎年冬になると彼は古代ギリシャ人よりずっとお気に入りの「極北の民」[*13]の所へバカンスに行ってしまいます。

そのため、古代世界で最も有名なアポロンの神託所デルフォイも、冬の間は神託を行うことができません。主であるアポロンがギリシャにいないからです。

漂白された神話

さて、今、なぜ最高神ではないアポロンから神々の物語を始めたのか（古代ギリシャの最高神はゼウスです）。その理由は彼の神話が一番漂白された色彩がわかりやすい神だからです。

今流布しているギリシャ神話の多くは、ロマンチックで情緒があふれるタッチで彩《いろど》られています。しかし、それが元々の神話とどのくらいちがっているのか。それをアポロンの同じ一つの神話に対する「今流布しているバージョン」と「元々の古代ギリシャのバージョン」、２つを比較して体感してみることに

＊13　古代ギリシャ人はギリシャのずっと北にヒュペルボレイオイ（極北の民）が住まう国があると考えていた。そこは常春の理想郷で人々は苦しみや飢えがなく、幸せに暮らしているといわれている。

しましょう。

ある時、光明神アポロンが人間の少女コロニスと恋仲になります。コロニスは彼の子を身ごもりましたが、ほかの男性と浮気をしてしまいます。それをアポロンの聖鳥であるカラスが気づき、告げ口をします――有名な「アポロンとコロニスの恋物語」の神話です。

〈今流布しているバージョン〉*14

カラスから恋人の不貞を聞いたアポロンは、驚いて奏でていた竪琴の撥《ばち》を取り落とし、月桂冠を髪から振り落として、美しい顔はみるみる怒りで蒼白に変わった。

怒りのままにアポロンは自分の武器である弓を取り、引き絞ると、何度も己の腕に抱いたはずの彼女の胸めがけて正確無比な矢を打ち込んだ。コロニスは痛みでうめき、鋭い矢を体から引き抜くと、雪のように白い四肢は真っ赤な血に染まった。

*14 オウィディウス『変身物語』より一部要約。
今、「ギリシャ神話」としてイメージされているロマンチックな話の多くは、このローマの詩人オウィディウスが語った話が多い。彼はマイナーなギリシャ神話を題材にストーリーを膨らませたり、まったく新しい解釈を付け加えたりして神話をより物語的なものにしている。

コロニス「ああ、フォイボス様（アポロンの美称）！　私の不貞の罰は受けます……。けれどなぜお腹の子どもが生まれるまで待ってくれなかったのです？　何の罪もないあなたの子も一緒に死んでしまうというのに……」

こう言うと凍てつく死が彼女の体を覆った。

愛する人を失って初めて、アポロンは我に返った。嫉妬に駆られてなんと酷い仕打ちをしてしまったのか……そう自らを責めるが、もう遅い。自分自身がたまらなく憎い。あんな話を吹き込んだあのカラスも、弓も、弦も、自分の右手も、簡単に愛する人を殺した矢も、みんなみんな憎かった。

冷たくなっていく彼女を腕にかき抱き、死なせまいと医神である自らの術を施すが、すでに何もかもが遅すぎる。

葬儀の薪木が積み上げられ、彼女の遺体が火に包まれると、アポロンは心の奥から悲痛な声を漏らした——しかし涙を流すことすらできない。天上の神々は悲しみで頬を濡らすことは許されていないからだ。

灰に帰していく彼女を見つめながら、しかし彼は自分の子どもだけはどうしても助けたいと思い、燃えさかる火に飛び込んで、彼女の胎内から赤子を救い出した。

自分の手で愛する女性を殺してしまったアポロンの嘆き、人間的な感情の爆発が非常に美しい詩感あふれる表現で語られています。では、同じ神話の「元の」古代ギリシャのバージョンはどうでしょうか。

〈古代ギリシャバージョン〉[*15]

――アポロンは彼女の不貞に気づいた。コロニスはアポロンの寵愛を受け、神の聖なる子種を腹に宿していたにも関わらず、隠れてほかの男と夜をともにしたのだ。神は自らの正義の守り手としての職能に従い、彼女に罰を下すことに決めた。

アポロンは荒ぶる姉神アルテミス（貞操の神）を彼女のところへ向かわせることにした。そしてコロニスは、自分の子を産み落とす前に、寝室でアルテミスの矢に射られて死んだ。同時にアルテミスは周りに住む多くの住

*15　ピンダロス『ピュティア祝勝歌第3歌』、ヘシオドス『エホイアイ』、パウサニアス『ギリシャ案内記』第2巻26節より一部意訳と要約。

民たちもともに殺した――ひとりの罪の報いを町全体が受けるのはよくあることだ。

しかし積み上げられた薪木にコロニスの死体が横たえられ、火が放たれた時、アポロンは天上から次のように言った。

「母親と道連れに我が子に死を与えるのは忍びない」

そして一足で葬儀の場に到着すると、燃え盛る火は神のために道を開けた。

そうして彼は死体の胎から子を引き出したのだった。

――まったく違います！

「浮気した恋人を殺す」神話の根幹はどちらも同じですが、「元々の」バージョンではアポロンは少しも感情に流されていません。終始冷静です。そのうえ、実際手を下したアルテミス女神に至ってはまったく関係がない周りの町民も巻き添え食らわして皆殺しにする冷酷無慈悲さです。これこそが元々のギリシャ神話の血のように鮮やかな色彩でした。

今、我々が知る星座や恋愛の神話の多くは、「古代ローマ以降のレイヤー」上に彩られたものです。そしてそれらのレイヤーを取り除いてみると、そこにはロマンチックとは程遠い、荒々しくゾッとするような冷たさに満ちた「古代ギリシャの神話」が広がっています。

しかし、神話が変化し続けるというのは、まだ神話が生きている証拠でもあります。疫病の神から太陽の神へ。そして今では太陽の馬車を牽いているから、という理由でアポロ計画に彼の名がつけられましたが、「アポロ11号」のおかげで100年後には宇宙開発の神になっているかもしれません。

コラム3 アポロンの神託・名（迷）回答集

未来に何が起こるか？　自分はこれからどうするべきか？

こうした未来の情報を得たいとは誰もが思うことですが、古代ギリシャにはこれらの質問に正確な答えが返ってくる場所がありました。

世界の中心に位置する（と考えられていた）デルフォイ[*16]に、古代ギリシャで最も広く信仰を集めた神託所があります。

ここは神アポロン[*17]自身が、巫女《みこ》の口を介して悩める人間たちの質問にすべて答えてくれる場所。戦争に勝つ方法、国家の行く末にとどまらず、個人の結婚相談や進路相談まで、大小問わずあらゆるお悩みが持ち込まれていました。

古代ギリシャ人はどんなことに悩み、神はどう返答していたのでしょうか？

＊16　デルフォイのアポロンの神託所。世界遺産。

＊17　アポロンの神託所はあらゆる都市から政治的相談を受けていたので、古代ギリシャ一の情報センターだった。そのため神官たちは各都市の内情を知り尽くしており、「どちらの都市が勝ちそうか？」などの未来を予測するの

古代人のリアルなお悩みの声と、それに対する一癖も二癖もある神の回答集をご紹介しましょう！

遠征隊の隊長からの質問（神話上）[*18]

「この遠征はうまくいくでしょうか？」

アポロンからの回答

「晴れわたる空から一粒の雨を感じたならば、お前はお前が欲する地を手にすることができよう」

これを聞いて遠征隊長は落ち込みました。「晴れている空から雨なんて降るわけがない。神は遠征がうまくいかない、と言っているのだろう……」。

その落胆ぶりを見ていた妻は、彼を膝枕しながら、その身を案じて涙を流しました。彼の額にぽたりと一粒涙が滴《したた》り落ち……、そこで、彼は予言の意味を悟りました。なぜなら、妻の名前は「アイトラ」。ギリシャ語で「晴れた空」はそう難しくはなかった。

デルフォイの神殿の奥で座すアポロン。

＊18 パウサニアス『ギリシャ案内記』第10巻10章6節以下。

を意味していたからです。――かくして彼は翌日、沿岸地方最大にして最も富める都市タレントゥムの征服に成功したのでした。

このようにアポロンの神託はナゾナゾ[*19]のような曖昧な形やとんち形式で与えられることが多く、解釈を間違えると大変な事態に陥ることもしばしばです。

リュディア王クロイソスからの質問（紀元前550年頃）

「我々がペルシア帝国と戦争しても勝てますか？」

アポロンからの回答

「兵を動かせば偉大な国を滅ぼすだろう」

リュディアはよし、これは勝ち戦！　と意気揚々とペルシアと戦いましたが、結果は逆に自分たちが滅ぼされてしまいました。つまり、神託の真意はこうだったのです――。

アポロン「私はペルシアのペの字も出していない。確かに私の予言どおり滅

*19　予言内容の曖昧さ、意地悪さからアポロンには「ロクシアス（斜めの君）」という添え名がある。

んだではないか。偉大な国リュディアがな」。
このようにアポロンの神託はギリシャの都市や個々人を何度も救い、そして破滅させてもきたのです。*20

ケファロスからの質問*21

「息子が欲しいです。どうしたらいいですか？」

アポロンからの回答

「ここから出て、最初に出会った女とセックスしろ。たとえそれがどんな女であろうとだ」

彼が神託所を出て最初に出会った女性——それはメスの熊でした。彼は「マジかよ」と思いつつも、「たとえそれがどんな女であろうとだ……」という神託に従い、このメス熊と交わりました。その熊が妊娠すると、人間の女性に変身。息子（アルケイシオス。英雄オデュッセウスの祖父）を産みました。

＊20　アポロンの神託が原因で破滅した人間代表はオイディプス。

オイディプス王
「私は自分がどこで産まれたのか、両親が誰なのかもわかりません。私は一体誰なんですか？」

アポロンからの回答
「お前は自分の父親を殺し、母と結婚するように定められた男だ」
これを聞いたオイディプスは自分に下された恐ろしい神託を回避しようと試行錯誤するが、結果的にそれがすべて裏目に出る。たまたま道で出会った父親を父親と知らずに殺し、知らぬ間に母と結婚して近親相姦の罪を犯した。（ヘロドトス『歴史』第1巻53節ほか）。

＊21　アリストテレス『断片』504。

リュディア王クロイソスからの質問（紀元前560年）

「今私は何をしているでしょうか？（青銅の鍋で亀と山羊を煮ながら）」

アポロンからの回答

「我は知る。真砂の数も海の広さも。
我は物言わぬ者も悟り、声あらずのものも聞く。
……亀の匂いがしてきたぞ。青銅の鍋に山羊の肉とともに煮えたる亀の匂いがな！」

これは「神託は本当に当たるのか？」を試すための質問。[*22] クロイソス王はまぐれでは絶対に当てることができない行為をしている最中にあらゆる神託所[*23]に同じ質問を送らせました。しかし正確に言い当てたのはアポロンの神託所だけだった、と伝えられています。

ある若い男からの質問

＊22 神託を試そうとする輩はたまに現れる。

無礼な男
「（マントの下にツバメを手で持ちながら）さて、私が手に持っている物は生きているでしょうか？　死んでいるでしょうか？」

アポロンからの回答
「私を試すのはやめろ。もしくは、お前の好きなほうにすればよかろうと言おう。その手にあるものは生きるも死ぬもお前の手の力加減次第で決まるからな」

この男は、アポロンが「生きている」と答えたら手に持ったツバメを殺し、「死んでいる」と答えたら生かしたままにして神託が間違えることを証明しようとしたのだった。（ヘロドトス『歴史』1巻47節、ほか）

＊23 古代ギリシャには数多くの神託所があった。

「あの……」

アポロンからの回答

「今すぐ出ていけ。お前はここに来る途中、盗賊に襲われた友人2人を見捨てて逃げたな。彼らはお前のせいで死んだ。私がお前のような裏切り者に神託を授けることはない。すぐに私の神殿から去れ」

このように、悪事を働いた者は門前払い[*24]を食らうこともあります。

ローマ皇帝アウグストゥス（紀元後12年）[*25]

「私はこれから世界がどうなるのか不安に思っております。私のあと、誰がこの世界を支配するのでしょうか？」

アポロンからの回答

「……」（無言）

＊24 門前払い系神託にはこんなものもある。

アテナイ人（紀元前332年）
「あの……」
アポロンからの回答
「お前たちの質問には答えたくない。お前たちはオリンピア競技祭の不正の罰金を払っていない。それを払うまでは私はお前たちにいかなる託宣も授けぬ」
（パウサニアス『ギリシア案内記』第5巻21章5節、ほか）

＊25 『スーダ』Ａ４４１３、ほか。

ローマ皇帝アウグストゥス（2回目）

「なぜアポロンは黙っておられるのか？」

アポロンからの回答

「沈黙が答えだ。なぜなら、今後世界はとある神に祝福されし、一人のヘブライ人の少年が支配するからな。そうなれば私はこのデルフォイを追われ、沈黙を余儀なくされるからだ」

「一人のヘブライ人の少年」とは、もちろんキリストのことです。これはキリスト教の伝播とギリシャの宗教の終わりを予見している神託として捉えられています。

ローマ皇帝ユリアヌスからの質問（紀元後361年）[*26]

「あなたの崇拝を復活させるためにやってきました」

*26 Philostorgius, *Church History*, 7、ほか。

アポロンからの回答

「帰りて皇帝に伝えよ。我が神殿は地に倒れた。もはや私をかくまう軒《のき》も、予言のための月桂樹も、泉もない。ここに我が言葉は枯れたるなり」

紀元後361年、当時もはや異教の神となり、落ちぶれていたアポロンの崇拝をなんとか復活させようとローマ皇帝がデルフォイの神託を問うたところ、神から返ってきたのはこの言葉でした。実質的にこれがアポロンの最後、アポロンの神託の終焉でした。

このように当時、古代世界の人々は何をするにもこぞってアポロンの神託を求め、その運命を決定してきました。かつてアポロンは神殿に行けば会話ができるような極めて「リアルな存在」だったのです。

名前	ΖΕΥΣ **ゼウス** 男性
別名	（英）ジュピター（羅）ユピテル
主な職業（権能）	**全知全能の最高神。** **天空、雷、嵐、雨、** 正義を司る。王権、家族、財産、貧者…etc 神に供犠をしない者を罰する。怒らせると天災に

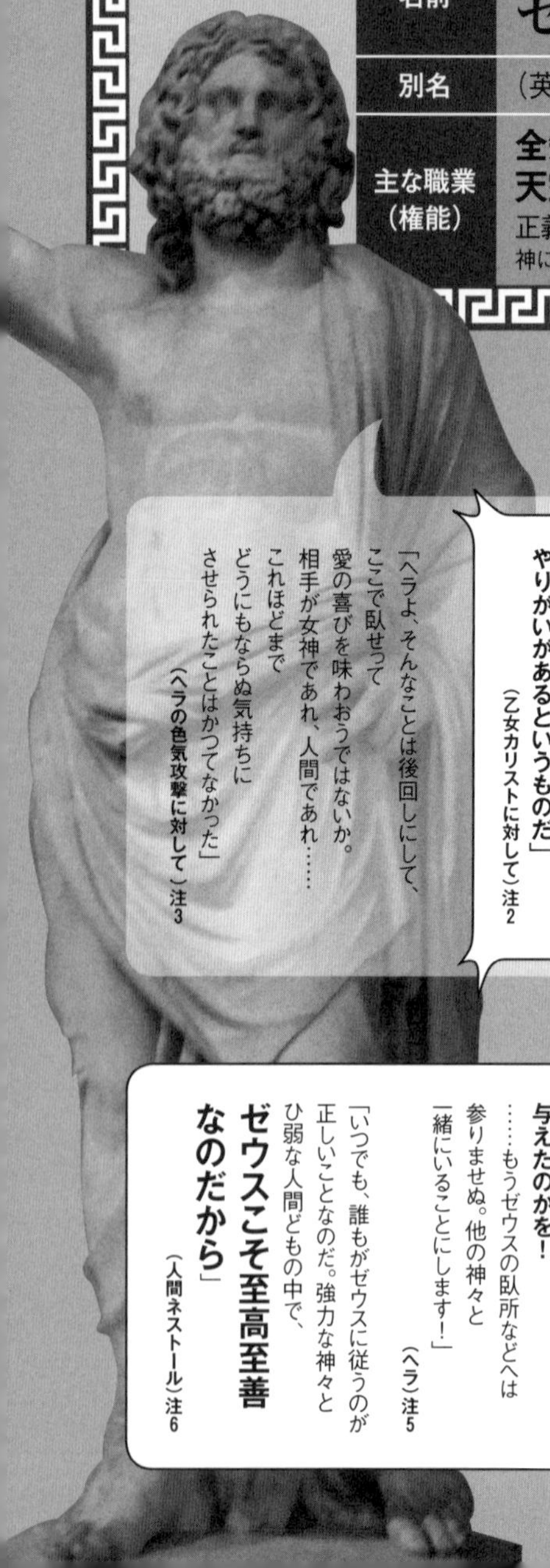

有名なセリフ

「わしがすべての神の中でけた外れに強い神であることを悟るであろう」注1

「またとない機会だ。この浮気は妻（ヘラ）の目も届かないだろう……いや、もし見つかったとしても、**この女のためなら、夫婦ゲンカもやりがいがあるというものだ**」（乙女カリストに対して）注2

「ヘラよ、そんなことは後回しにして、ここで臥せって愛の喜びを味わおうではないか。相手が女神であれ、人間であれ……これほどまでどうにもならぬ気持ちにさせられたことはかつてなかった」（ヘラの色気攻撃に対して）注3

周囲からの評価

「まあ、いい加減なことを仰いますこと。どうせまた今度もお言葉の通りにはなさらないくせに」（ゼウスの言葉に対してヘラ）注4

「聞いて下さい。黒雲寄せるゼウスが、**私を貞淑な妻にしておきながら、どんなひどい侮辱を与えたのかを！**……もうゼウスの臥所などへは参りませぬ。他の神々と一緒にいることにします！」（ヘラ）注5

「いつでも、誰もがゼウスに従うのが正しいことなのだ。強力な神々とひ弱な人間どもの中で、**ゼウスこそ至高至善なのだから**」（人間ネストール）注6

正義、弱者を守る最高神　古代人に愛されすぎて　西洋きっての浮気男に

ギリシャ神話の最高神にして最強。パサパサのギリシャの大地に雨をもたらしてくれる雷雨の神。

一方、浮気三昧の絶倫男としても名を馳せてしまっているが、それは最高神ゼウスの血統をほしがった各都市の古代ギリシャ人が「俺の先祖はゼウス！」「俺の祖先もゼウスに愛された‼」「俺のところだって…」と言いまくった結果である（↓80ページ）。

つまり、人気がありすぎるゆえに浮気男にさせられてしまっているのだ。こうして浮気ばかりが目立ってしまっているが、それ以外の部分では真面目に正義や秩序、弱者の保護をしている。

容姿
ひげを生やした威厳のあるおじさん。
足を広げて雷霆や、ワシを持っている。

●玉座に座って王笏を持っている。
●「遥かに見晴るかすゼウスは黄金の椅子に腰を下ろし、その足下にオリュンポスが激しく揺れた」注7

シンボル、持ち物
（見分け方）
雷霆（らいてい）、王笏、玉座、樫の葉冠（もしくはオリーブ冠）
【植物】樫（オーク）
【動物】ワシ、牡牛

【左】ゼウスの壺絵　【右】雷霆を手にするゼウス

誕生日	不明、ただし月の15日目はゼウスの聖日
誕生地	クレタ島ディクテー洞窟／アルカディア、その他さまざま
家族構成	父／クロノス 母／レア 妻／ヘラ(ディオネの場合もあり) 子供／【神】アテナ、アレス、ヘパイストス、アルテミス、アポロン、ヘルメス、ディオニュソス、ペルセポネ(コレー)、その他多数 【人間】ヘラクレス、ペルセウス、カストル、ポリュデウケス、ヘレネ、その他多数
美称	**ネフェレゲレタ(黒雲寄せる君)**、アフェシオス(雨を降らせる君)、マイマクテス(荒れ狂う君)、イクマイオス(湿気の君)、リメノスコポス(天空の監視者)、パンヘレニオス(すべてのギリシャ人の神)、ヒュパトス(最高神)、ソシポリス(都市の守護者)ほか
女性遍歴	**無数。** **・知恵の女神メティス** 知恵の女神メティスを追いかけてセックス。しかし彼女が息子を産んだらその子に王権を奪われるとお告げが下ったので、メティスを丸呑みにして殺した。しかし後日、ゼウスの脳みそをかち割って女神アテナが産まれた(→106ページ)**注8** その他デメテル、レト、テミスなどの女神にも手を出し放題。 **・人間の少女イオ** ヘラの目を逃れてセックスしたが、バレそうになってイオを牛の姿に変えて難を逃れた……かに見えたが、ヘラに「やましいところがないなら、その牛を私がもらっても構わないわよね?」と振られて、「はい……」とイオをヘラに渡してしまう。イオはヘルメスによって助け出される。**注9**
男性遍歴	**・ガニュメデス** トロイアの少年。ゼウスはワシに変身して天界へ攫ってきて、宴会でお酌をさせている(ちなみに彼は「水瓶座」になった)。**注10**

注1：ホメロス『イリアス』第8歌第4行目以下　**注2**：オウィディウス『変身物語』第2巻422行目以下　**注3**：ホメロス『イリアス』第14歌312行目　**注4**：ホメロス『イリアス』第19歌107行目　**注5**：『ホメーロスの諸神讃歌』「アポローン讃歌（讃歌第3番）」311行目以下　**注6**：クイントゥス『トロイア戦記』第8巻452行目以下　**注7**：ホメロス『イリアス』第8歌440行目以下　**注8**：ヘシオドス『神統記』886行目以下　**注9**：アポロドロス『ギリシャ神話』2章5節以下、オウィディウス『変身物語』1章583行目以下、その他　**注10**：オウィディウス『変身物語』第10巻145行目以下

神話上の主な経歴

誕生	・父クロノスは子供に王権を奪われることを恐れ、子供が産まれるたびに丸呑みにしていた。しかし最後に産まれたゼウスだけは、父の目を逃れるためにクレタ島の洞窟に隠されて養育された。
成年期	・父クロノスにカラシと塩を飲ませて、今まで飲み込まれていた兄弟たち（ヘラやポセイドン、その他）を吐き出させる。
	ティタノマキア（ティターン大戦） 父クロノスが率いるティターン神族の軍勢と、ゼウス率いるオリンポス勢の戦い。戦いは10年間続いたが、ゼウス側が勝利した。（→82ページ） 勝利の功労者であるゼウス、ポセイドン、ハデスでくじを引き、ゼウスが天界を、ポセイドンが海界を、ハデスが冥界を支配することになった。
	・ヘラに求婚。最初は断られたが、みすぼらしいカッコウの鳥に変身して近づき、ヘラが哀れに思って胸で温めようとしたところをセックス。 ・ヘラとサモス島で結婚。**300年間初夜が続いた。** ・子どもたちであるアレス、ヘファイストス、アポロン、アルテミスらが産まれる（**大部分が浮気で**）。
	ギガントマキア（巨人大戦） 巨人族がオリンポスの神々に対して起こした戦争。英雄ヘラクレスの力を借りつつ、神々の総力戦で退けた。
	怪獣テュポンとの戦い ゼウスは初戦でテュポンに敗北し、腱を切り取られて閉じ込められてしまう。しかしヘルメスが隠されていた腱を盗み返してゼウスに取りつけ、力を取り戻し、エトナ山を投げつけテュポンを倒す（そのためエトナ山は今でもテュポンが暴れて噴火する）。
	・ヘラ、ポセイドン、アポロンに反逆を受けて縛り上げられるが、海の女神テティスの援助により助かる。
紀元前12世紀ごろ	**トロイア戦争** ゼウスは増えすぎた人口を調整するために、トロイア戦争で人間の大量殺戮を考えついた。それゆえにゼウスは中立的立場。

主な崇拝地や特徴的な儀礼

山の頂上で祀られることが多い。牡牛、雄ヤギが捧げられる。

・オリンピアの競技祭

現代オリンピックの元祖。紀元前776年から始まり、ゼウスに捧げられ、古代ギリシャでもっとも大きな競技祭だった。4年に一度、夏に行われ、この期間はあらゆる戦争が禁止された。この競技祭で優勝することは古代ギリシャで最大の栄誉だった。

オリンピアの競技場。手前の石がスタートライン

・ドドナのゼウスの神託所

ゼウスの神木である樫の木のざわめきを神の声と解釈して神託を下す。

なぜゼウスは浮気をするのか

発覚している限り、結婚3回[*27]、浮気すること数百回のギリシャ神話の最高神がこの男……、雷と嵐と正義の神ゼウス。とにかくギリシャ神話はゼウスの浮気エピソードに満ちており、女性はもちろん男性にも手を出したり[*28]、自慰をしていたら地面に落ちた精液からアーモンドの木が生まれた、という神話もあるくらいの絶倫男です。

「浮気してばっかりのゼウスを、なんで古代ギリシャ人は最高神として崇拝してるの？」という印象を受けますが、これは原因と結果が逆です。ゼウスは偉大な最高神なので、各地の都市の人間がそれぞれ「俺たちの先祖はゼウス神だぜ！」と主張しているため、結果として浮気神話が量産されているということなのです。これは、ひとつの国として統一されずに多くの都市が乱立していた古代ギリシャならではの状況かもしれません。

ゼウスが浮気ばっかりで最低な男に見えるのは、「最高位の神である彼の血が欲しいから」という人間側の都合……。ゼウス側からしたら「なんか知らな

*27 妻は、掟の神テミス、天空の神(?)ディオネ、そして最後に結婚の神ヘラである。ヘラについては後述。

*28 ガニュメデスをさらうゼウスの図(右)。ゼウスのお稚児さんとして有名なガニュメデス。ちなみにガニュメデスは水瓶座の神話としても有名。

女性をさらうゼウス。

いうちに世界一の浮気男にされてる！」とお怒りかもしれません。

そしてここからもわかるとおり、**ギリシャ神話は一人の原作者によって書かれたものではなく、各人、各都市は己に有利な神話を語ることができました。**[*29] **それゆえひとつの神話に対して複数の説があったり、矛盾する展開があったりします。**たとえばゼウスの生誕地は一般にはクレタ島ですが、アルカディアの地方の人々は「いやゼウスは俺のところで生まれた！」と言っているし、他にもトロイア、ボイオティア、メッセネの各地方が同じ主張をしています。おのおの自分が都合のいい神話を語ります！（ただし説得力は必要）。

それは「ギリシャ神話の最高神はゼウス」という最大の暗黙の了解に対しても例外ではありません。「俺たちの都市では、最高神はゼウスではなく、アポロンである」[*30]というように。ギリシャ神話は極めて自由なのです。

なぜゼウスが最高神なのか

ところで、なぜギリシャ神話の最高神はゼウスなのでしょうか。

＊29　アテナイ市の神話が史料として多く残っているので、必然的にアテナイ中心にならざるを得ない。

＊30　アポロンの神託所がある都市、ディデュマやクラロスである。

まずは神話上における理由から説明しましょう。元々天界を支配していたのはティターン神族という巨人族で、最高神は彼らの王である農耕の神クロノス[*31]でした。彼は自分の子どもに覇権を取られることを極めて恐れていたので、子供が産まれるそばから丸のみにして腹の中に閉じ込めていました。しかし、最後に産まれたゼウスが運よく食われずにすみ、兄のポセイドン、ハデスたちを救い出すと、父に対して共に反乱を起こしました。これがいわゆる「ティターン大戦（ティタノマキア）」の神話です。

最終的にゼウスが雷霆《らいてい》でもってティターン神族たちをアルカディアの平原[*32]で撃ち滅ぼしましたが、最終決戦の舞台がこの場所だったことにも意味があります。

というのも、この平原の地面を掘ると、先史時代のゾウやサイの巨大な骨が出土します。古代ギリシャ人たちはこれを見て、「これはティターン（巨人）神族の骨だ。ここでゼウスの雷で打ち滅ぼされたから、こんなにたくさん巨大な骨が埋まっているのだろう」と考えたのでした。

このように古代人たちは想像の中だけではなく、現実の自然や地理の中で神

＊31 農耕神クロノス（Kronos）は、発音の似ている時間の神クロノス（Khronos）と混同されることがある。

＊32 アルカディア平原。

ちなみに今でもアルカディア平原は最も雷が落ちやすい場所の一つ。

話を生み出していたのでした。

そして自然は「なぜゼウスが最高神なのか」という理由にも本質的な回答を与えてくれます。

ギリシャは夏の乾季の間は日照りが続き、冬は嵐が多く突然の雷雨に見舞われる気候です。**草原で牧畜を行い、突然の雷や嵐、干ばつを最も恐れる環境の中では、ほかのどの神よりも、雨を呼ぶ神であるゼウスが最高神にふさわしいと言えます。**[*33]

古代ギリシャ人もこんなふうに歌っています。

「神々の中最も高き位にまします、最大の神なるゼウスを歌おう。

遠き方まで雷鳴を響かせ、力強く、物事成就せしめたもう神を。

恵みをたれたまえ……

最も栄えある神、最大の神よ」（『ゼウス讃歌』沓掛良彦訳）

古代ギリシャ各都市の都合で浮気男になってしまってはいますが、それもゼウスが最も恐れ、尊敬するべき偉大な雨を呼ぶ神だったからなのです。

*33　神の形成に風土が関係している、という考え方は和辻哲郎『風土―人間的考察』に詳しい。

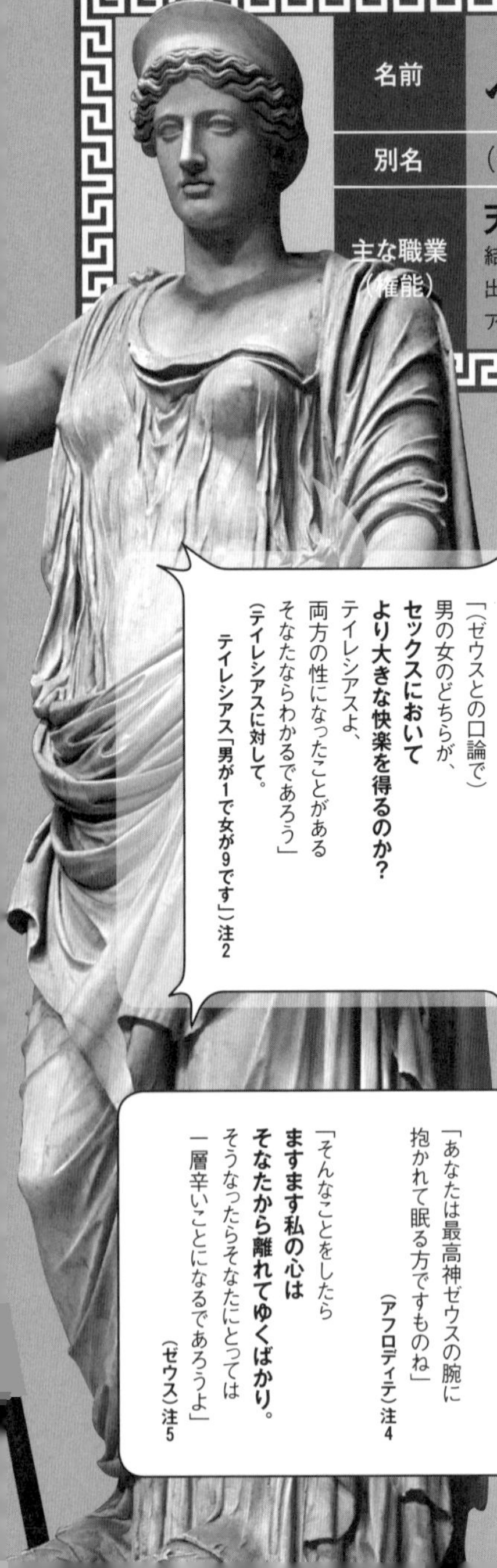

名前	HPA **ヘラ** 女性
別名	(英)ジュノ (羅)ユノー
主な職業(権能)	**天界の女王。** 結婚、貞淑、出産。 出産ではヘラは母体を、 アルテミスは子供のほうを守る。

有名なセリフ

「狡知のクロノスの娘の中でも、
わたくしは素性もさることながら、
よろずの神の王たるあなた(ゼウス)の妃と呼ばれる身。位は最も高いのです」
(ゼウスに対して)注1

「(ゼウスとの口論で)
男の女のどちらが、
セックスにおいてより大きな快楽を得るのか?
テイレシアスよ、
両方の性になったことがある
そなたならわかるであろう」
(テイレシアスに対して。
テイレシアス「男が1で女が9です」)注2

周囲からの評価

「そなた(海の女神テティス)のおかげでヘラがまた口汚く私にケンカを仕掛け、われら2人の間がまずいことになりそうだ……。

あの女はいつも神々の面前でケンカをふっかけ、私を責めてくる」
(ゼウス)注3

「あなたは最高神ゼウスの腕に
抱かれて眠る方ですものね」
(アフロディテ)注4

「そんなことをしたら
ますます私の心はそなたから離れてゆくばかり。
そうなったらそなたにとっては
一層辛いことになるであろうよ」
(ゼウス)注5

「ヒーロー」の語源になった結婚の女神

　最高神ゼウスの妻にして結婚の女神。「ジューン・ブライド」は「6月（ジューン）」がヘラのローマ名「ユノ（ジュノ）」に由来しているところからきている。しかし、古代ギリシャでは結婚シーズンは冬。ゼウスとヘラの結婚記念日も1月である。

　ゼウスの浮気に激しく嫉妬しているイメージが強いが、しかし元々はゼウスよりも強大な神格で、古代ギリシャの古い神殿ではヘラのほうが上に祀られている。

　またゼウスの不義の子である英雄たちにも辛くあたっているイメージがあるが、英語の「ヒーロー（Hero）」の語源であるギリシャ語の「ヘロス（Heros）」も、元は「ヘラ（Hera）」の男性形（「ヘラに捧げられる男」）であると考えられており、ヘラにがっつりイビられているほうが、むしろ偉大な英雄の証明であるとも言える。

容姿
ベールをかぶった威厳ある女性。

●「女神は香油を肌に塗ると、髪に櫛を当てて自分の手で艶やかな、美しくも神々しい巻き毛に編んで、不死の頭から垂らす。身には香しい衣装をまとったが、これはアテナが丹精込めて織り上げ仕立てたもの。さまざまな飾り模様が施してある。これを身に付け、……その優美さは輝くばかり。新しく美しいベールは、陽の光のごとく純白に輝き、艶やかな足には美しいサンダルを結ぶ」注6

ゼウスとヘラ、虹の女神イリス

シンボル、持ち物
（見分け方）

王冠、先端に花をあしらった王笏、玉座、お伴にイリス（虹の女神でヘラの伝令神）
【動物】カッコウ、孔雀、メス牛、ライオン、ツル
【植物】柘榴、柳、蓮
金星（アフロディテとシェア）
孔雀に牽かせた車注7に乗っている

【左】女神ヘラとプロメテウス　【右】王笏を持つヘラ

誕生日	不明
誕生地	サモス島のインブラソス川のほとりの柳の木の下 **注8** また、ヘラ本人は「私が好きな都市ベスト3は、アルゴス、スパルタ、ミュケナイよ」と言っている。**注9**
家族構成	父／クロノス 母／レア 夫／ゼウス 子供／アレス、ヘパイストス、ヘベ(青春の女神)、エリス(不和の女神)
美称	**ボオーピス(牛の眼の君)**、レウコレノス(白い腕の君) バシレイア(女王)、ガメリア(結婚の女神)、**ケーラ(夫なき君。ゼウスと仲たがいしている時に** 注10)、ほか
女性遍歴	−
男性遍歴	−**(ヘラは貞淑!)** 注11

アルゴスのヘラ神殿。(前7世紀〜前5世紀ごろ)
アルゴスはヘラ最大の崇拝地の一つ。

注1：ホメロス『イリアス』第4歌57行目以下　**注2**：この答えに怒ったヘラは彼を失明させた。テイレシアスは男と女、両方の性を経験したことのある人物だった。ヒュギーヌス『ギリシャ神話集』75話　**注3**：ホメロス『イリアス』第1歌518行目以下　註：ホメロス『イリアス』第14歌168行目以下　**注4**：ホメロス『イリアス』第14歌212行目以下　**注5**：ホメロス『イリアス』第1歌561行目以下　**注6**：ホメロス『イリアス』第14歌181行目以下　**注7**：ただし、アレクサンドロス大王以前の古代ギリシャ人は孔雀を知らなかったので、それ以前のヘラの鳥といえばもっぱらカッコウだった。　**注8**：パウサニアス『ギリシア記』第7巻4章4節　**注9**：ホメロス『イリアス』第4歌51行目以下　**注10**：ステュンパロス市には、「処女のヘラ」「成熟のヘラ」「夫なきヘラ」の3つの異名が定められていた。ゼウスと仲たがいしてこの市に戻った時には「夫なきヘラ」の異名が使われた。パウサニアス『ギリシア記』第8巻22章2節　**注11**：人間イクシオンがヘラを犯そうとしたため、ゼウスが怒り、永遠に苦しむ罰を与えている。　**注12**：パウサニアス『ギリシア記』第9巻3章1節以下　**注13**：パウサニアス『ギリシア記』第2巻38章2節

神話上の主な経歴

誕生	・サモス島の柳の木の下で産まれるが、すぐ父クロノスに飲み込まれ、のちにゼウスによって助け出される。
成年期	・ゼウスとの結婚（ゼウスの履歴書参照）。アレスが産まれる。
	ティターン大戦（ゼウスの履歴書参照）
	・ゼウスが一人で女神アテナを産んだため、ヘラは怒って**「自分も一人で子供を産んでやる!」**と言った。しかし生まれたのは醜いヘファイストスだったのでオリンポスから投げ落とした。（→114ページ）
	・さらに怒りが収まらないヘラはクロノスの精液を塗った卵から怪物テュポンを誕生させる（ゼウスの履歴書参照）。
	ギガントマキア（巨人大戦） ヘラは巨人族の一人に追われ犯されそうになったが、ゼウスが雷霆を投げて救出する。
	・ポセイドンら他の神々と共にゼウスに対する反乱を企てるが、失敗。ヘラは鎖と重石をつけられて天から逆さ吊りにされた。
紀元前12世紀ごろ	**トロイア戦争** ギリシャ側に味方をする。

※ゼウスの愛人やその子供たちに対する執拗ないやがらせの神話は多々ある。ヘラクレス、イオ、ディオニュソスらは、特に人生を狂わされている（しかし、ヘラの嫌がらせが執拗であるほうが偉大な英雄であると言える）。

主な崇拝地や特徴的な儀礼

・ゼウスとの結婚記念日（ポセイドン月の27日）
ヘラの神像に花嫁衣装を着せ、新婚のベッドのある神域に像を寝かせる。ギリシャ各地にある「聖婚式」。

・ダイダラ祭（プラタイア市）
ある時、ヘラがゼウスに腹を立ててエウボイア島に引きこもった。ゼウスはどんなに頑張ってもヘラを説得できなかったため、彼女をおびき出すことにした。まず木で作った像に花嫁のベールを被せ、「今からこの子を私の新しい妻とする!」と大声で言った。

たちまちヘラが聞きつけやって来て、怒りにまかせて新妻の衣服をはぎ取った。……するとそこには新妻の姿ではなく、ただのみすぼらしい木像が!

ゼウス**「結婚なんてウソだよ。私にはお前しかいないよ、ヘラ」**

ヘラ**「あなた……!」**

この和解を記念して、この市では7年後ごとに木像を作るダイダラ祭を催す。**注12**

・ナフプリオンのカナトスの泉
ナフプリオンのカナトスの泉では毎年ヘラが水浴びして**処女の姿に戻る、**という伝承とそれに関わる密儀がある。**注13**
その他、サモス島やアルゴスで崇拝が盛んだった。

なぜヘラはゼウスに屈しないのか

ゼウスの姉にして妻、結婚や貞淑を司る女神ヘラ。彼女といえば**全宇宙を巻き込むゼウスとの夫婦ゲンカ、昼ドラも裸足で逃げ出すレベルの夫の愛人たちへの嫉妬神話の数々**が有名です。ある時、ゼウスが一人で処女懐妊ならぬ単身出産で女神アテナを産むと、ヘラは怒り狂います。

ヘラ「聞いてちょうだい、みんな！　私という妻がありながらゼウスはたった一人で偉大な女神を産んだ！　**妻に対するなんという侮辱！　もう二度とゼウスのベッドになど行くものか！　私もセックスなしでたった一人でゼウスよりも強い子供を産んでやるわ！」**（『アポロン讃歌（第3番）』311行〜）

宣言どおり怪物の王テュポンが生まれ、暴れまわって全宇宙を炎上させました。[*34]

またある時はゼウスと浮気した女神レト（アポロンとアルテミスの母）が産気づくと、地上の大地と島々すべてに「レトが出産する場所を提供した大地は

*34　しかしこの怪物を産んだ時にはすでにゼウスと仲直りしていたので、ヘラはこの怪物の倒し方をゼウスに教えていた。

怪物テュポン。下半身は毒ヘビで体長は宇宙と同じくらい大きい。

地上から消す」とお触れを出したため、レト[*35]はあらゆる大地に受け入れ拒否をされて地球上をさまようことになりました。

他にもゼウスが手を出した女を焼き殺す、虻《あぶ》で追い回す、島ごと滅ぼす、産まれた子供を発狂させるなど、もはや山姥《やまんば》すらお姫様に見えるレベルのヘラの復讐劇の数々。

――と、ゼウスの浮気にブチ切れる嫉妬深さにばかり目がいってしまいますが、忘れてはならないのは最高神ゼウスに屈せずこんな風に対等に渡り合えた女神はヘラだけだったということです。**むしろ時にヘラはゼウスすらしのぐ地位を持っている場合があります。**たとえばオリンピアにある2人の像では、玉座に座っているのはヘラであり、ゼウスはその脇に侍《はべ》る姿で表されていました。

あるいはアルゴスでもヘラが玉座に座っており、ゼウスはカッコウの姿になってヘラの持つ王笏《しゃく》の上に止まっています。また実際の崇拝の現場に目を向けてみても、ギリシャで最も古く重要な神殿の多くはヘラのものです。

この理由は**ヘラこそが元々[*36]ギリシャにいた先住民族が崇める古い主神だった**からです。その土地へゼウスを主神とする一派が侵入してきて、ヘラを自分た

*35 最終的に当時は大陸でも島でもなくただの浮き島だったデロス島がレトに出産場所を提供した。㊧デロス島。

*36 神話上でもヘラは「クロノスの最も年長の神」。

ちの神話の秩序の下に組み込みました。しかし強大な女神ヘラは簡単にはゼウスに屈しなかったし、ゼウスを主神とする新しい神話の秩序の下でも、彼の正妻として対等の地位を保ちました。新参の男神におそれと従属したり、淘汰されたりしない、古く重要な宗教的基盤が彼女にはあったからです。

ゼウスとヘラがラブラブの神話

ここまで聞くとやっぱりゼウスとヘラの最高神夫婦は仲が極悪のような気がしてしまいますが、ちゃんとラブラブな神話[*37]もあります。一番有名なのは叙事詩『イリアス』きっての美しいシーンと言われるこちらです。

ゼウスはヘラの姿を見るや否や、たちまち思慕の情がその思慮深い心をからめとった——2人が両親の眼を盗んでひとつの床に入り、初めて抱き合ったその時のように。

ゼウス「ヘラよ、相手が女神であれ、人間の女であれ、これほど焦がれた

*37　ゼウスとヘラが喧嘩をしている神話は数多いが、ラブラブ神話も存在している。たとえば2人の結婚の初夜の交わりはサモス島で300年間も続いた。また、ヘラは浸かれば処女に戻るというアルゴス付近のカナトスの泉で年に一度沐浴をし、そのたびに新婚気分でゼウスと愛し合った。

気持ちになったことはない。いや、そなた自身に対しても、これほどまでに身も心も捕らわれたことはない。さあ、ここで臥せって愛の喜びを分かち合おうではないか」

ヘラ「何ということを仰るの。こんなところ（イデ山の頂上）で一緒に臥せって愛の交わりをしたら皆に何もかも見られてしまいますわ。どうしてもというなら寝室に参りましょう」

ゼウス「案ずるな、私が黄金の雲を巡らせて見られることがないようにしてやろう」

ゼウスがそう言って妻を腕にしっかと抱いて、身を横たえ、美しい黄金の雲を身に纏うと、雲からは露の玉がきらきらと輝きながら滴り落ちた。

（『イリアス』第17歌・松平千秋訳より、一部抜粋と意訳）


――ただし、これもゼウスを誘惑して自分の思いとおりにするためのヘラの策略でした。ゼウスの浮気に振り回されながらも、時に対等に、時にゼウスすら凌駕する王権を発揮するのが、ヘラの魅力のひとつです。

名前	ΠΟΣΕΙΔΩΝ **ポセイドン**	男性
別名	（英）ネプチューン （羅）ネプトゥヌス	
主な職業（権能）	**海界の王、航海の安全を守る。** 海、河、泉の守護。洪水、干ばつ、地震、海難、てんかん。人間の発作を引き起こす（地震と同じように人間の気の乱れを支配すると考えられた）注1	

有名なセリフ

「俺が力を貸すと決心したからには、
これ以上の議論はいらぬ。
エーゲ海の海を湧き上がらせ、
ミコノスの浜、デロスの岩、
……カペレウスの岬を死人の
躯《むくろ》でおおってやろう。
愚かなる人間どもめが。
町を壊し、神の社《やしろ》や聖なる墓所をば
荒らした咎《とが》で、
今度はみずからが
潰《つい》え去らねばならぬとはな」
（人間に罰を与えよう、というアテナの提案に対して）注2

「さあアポロンよ！
かかって来い！
お前のほうが年が若い。
俺は年上だし、経験も
豊富だから、
先手を譲ってやる！」
（アポロンと対立した時）注3

周囲からの評価

「大地を揺るがす神よ、
もし私が人間どものために、
あなたとさえ戦うようなことが
あれば、私は正気の者とは
思われないだろう。
……はかなく滅びてゆく、
たかが人間のためになど――。」
（アポロン。ポセイドンと対立したときに）注4

「ポセイドン、
あんた変な奴だな。
たった一人の
女のために
戦争おっぱじめよう
ってのか？」
（ヘラクレス）注5

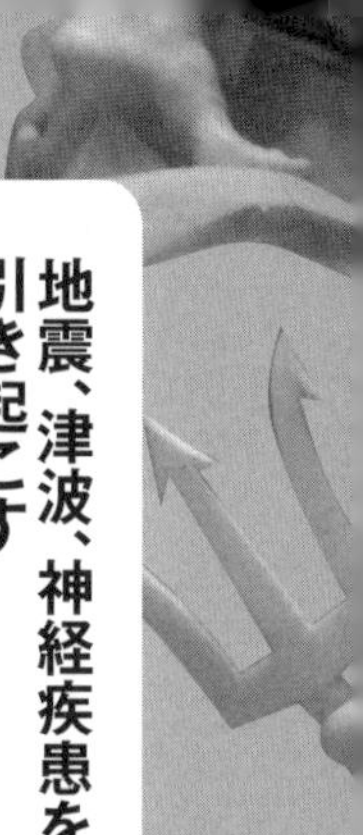

地震、津波、神経疾患を引き起こす荒れ狂う海の神

日本と同じく地震と津波に悩まされた古代ギリシャでは、ポセイドンは極めて強大な神格である。古代の大地震と大津波はポセイドンの怒りにふれたためだと常に考えられていた。

自然の脅威そのものを表わす神で、性格も荒々しく、好色。

また、人間の気の乱れ（発作・てんかんなど）も、波が引き起こすと考えられていた。一方で新しい島を作ったり、海を穏やかにしてくれたり航海の安全を守ってくれたりもする。

歴史上、元々は海に関係のない大地の神だったが、ゼウスに地位を追われると同時に海の神に転職した。

容姿
髪は青黒い（もしくは漆黒の）おじさん。

●「髪は漆黒の海神は神々の先頭に立って……」注6

●「三叉の黄金の槍もち、イルカを統べ、スニオン岬に鎮座します君よ」注7

アテナと相対するポセイドン。

シンボル、持ち物
（見分け方）

三叉の鉾、海、松の冠
【植物】松
【動物】馬、カモ、イルカ、その他海洋生物
海を走る馬、ヒッポカンポス（上半身が馬で下半身がイルカ）に牽かせた車

【左】巨人と戦うポセイドン　【右】三叉の鉾を持つポセイドン

	誕生日	不明。ただし聖日は毎月8日である。
	誕生地	出身はロドス島。彼の住まいはエウボイア島近くのアイガイの沖合の海底にある。
	家族構成	父／クロノス（ポセイドンは次男） 母／レア 妻／海の女神アンフィトリテ 有名な息子／テセウスなど

美称	**エンノシガイオス（大地を揺るがす君）**、ガイエオコス（大地を支える者）、アスファリオス（航海安全の神）、ヒッポクリオス（馬をならす君）、ピュタルミオス（植物をはぐくむ君）など
女性遍歴	**ゼウス、アポロンを抜いて、 男神ナンバーワンの 恋人の多さである。** **・デメテル** 豊穣の神デメテルと交わろうと追いかけたが、デメテルは馬に変身して逃れた。が、ポセイドンも馬に変身して追って来て最終的にお互い馬の姿のままセックスした。この時に生まれた子供も神馬アリオンだった。**注8** ・アフロディテ、大地の女神ガイアなどの女神含む女性にも手を出した。ヘスティアにもアポロンと一緒にプロポーズしたが、それは失敗した。
男性遍歴	**・ネリテス** ポセイドンは美少年ネリテスを自分の御者にしたが、同じく少年に恋していた太陽神ヘリオスも彼に告白。しかし断られたため、少年を貝に変える。**注9** その他、ペロプス、パトロクロス **注10** など

**アイギナ島（現:エギナ島）の
アポロン·ポセイドン合祀神殿**

ポセイドンはアポロンと仲がよいため合祀されることがある。この神殿は元々アフロディテ神殿だと思われていたが、後にポセイドンとアポロンの名が刻まれた碑文が出土した。このように、ギリシャの神殿は外見上はどの神の神殿もほぼ見分けがつかないため、とりちがえられることがよくある。

神話上の主な経歴

誕生	産まれて即、父クロノスに丸呑みされた。後に、ゼウスが助けてくれるまで父の腹の中で過ごした。注11
成年期	**ティターン大戦**（ゼウスの履歴書参照）
	・海底の生活でもなじんでくれそうな嫁を探して、海の女神アンピトリテに求婚。しかし彼女は拒否し、アトラス山に身を隠した。ポセイドンは使者や贈り物をしまくってなんとか懐柔、結婚にこぎつけた。
	・ヘラ、アポロンと共にゼウスに反乱を企て失敗。アポロンと共に人間の奴隷となってトロイアの城壁を作らされる羽目に。
紀元前12世紀ごろ	**トロイア戦争** ポセイドンはギリシャ側で参戦した。

※アテナやヘリオス、ヘラらとの領地争いの神話で知られる。ことごとく敗北する。

主な崇拝地や特徴的な儀礼

・海の神らしく海岸線や海の近くに神殿が多い。

・航海の前に馬具で飾った馬を捧げる（海に投げ込んで溺死させる）。

・マンティネイアのポセイドン神殿
この神域には人間は誰も入ってはならないし、覗くことも位置を変えることも許されていない。神域の周りには羊毛のひとすじが「KEEP OUT」のごとく張り巡らされていた。しかし無法者の人間が糸を切って中に入ったため、ポセイドンの怒りにふれて波が両目にかかって失明した逸話が残っている。注12

・イストミア競技祭
コリントスで行われる古代ギリシャで3番目に大きな競技祭。ポセイドンに捧げられ、勝者には松の冠（古くはセロリの冠）が贈られた。

注1：Hippocrates, *On the Sacred Disease,* fr.　**注2**：エウリピデス『トロイアの女』88行目以下　**注3**：この後アポロンはポセイドンを立てて戦わずに去る。ホメロス『イリアス』第21歌436行目以下。　**注4**：ホメロス『イリアス』第21歌462行目以下　**注5**：この「たった一人の女」とは「バシレイア（統治権）」の暗喩。アリストファネス『鳥』1637行目以下　**注6**：ホメロス『イリアス』第20歌144行目　**注7**：アリストファネス『騎士』559行目以下　**注8**：パウサニアス『ギリシア記』8巻25章7節、その他　**注9**：Aelian, *On Animals,* 14. 28.　**注10**：Photios I of Constantinople, *Bibliotheca* 190.　**注11**：ただし、母レアがポセイドンを産んですぐ子羊の群れの中に隠れさせ、父の目を逃れた、というバージョンもある。パウサニアス『ギリシア記』8巻8章2節　**注12**：パウサニアス『ギリシア記』8巻10章8節。

ポセイドン大暴れ神話の数々

ゼウスとアポロンの女性遍歴（＋男性遍歴）を見て、「さすがにこれ以上に下半身が元気な奴は出てこないだろうな……」と思ったら大間違い、古代ギリシャ人に「ゼウスやアポロンを抜く、たくさんセックスした神ナンバーワン」と言わしめた[*38]のはこの男、海神ポセイドンです。

荒々しい自然を表す神でもあり、海の嵐、洪水、地震を起こす神でもあり、まさにセックス&バイオレンスを地で行く男。そしてポセイドン神話を語るうえで外せないのが、土地の領有権をめぐって大暴れ、のち逆ギレ武勇伝の数々です。

ある時、アテナイ市の領有権をめぐり、ポセイドンは女神アテナと対立します。アクロポリスの丘[*39]に三叉の鉾《ほこ》をぶっさして海水をぶわぁーと噴き出させ、「見よ、わしの力を！　ここはわしの領地じゃ！」と主張。

一方、アテナは「そんな水芸がアテナイ市民の何の役に立つ？　だいたいそんなところに穴開けて海水出したら迷惑だろうが。私ならもっと人間に役に立

＊38　ポセイドンの司る自然の荒々しい面は、男性の精力や豊穣とも結びつけられた。そのためポセイドンを祀る祭儀には性的なものが多い。

＊39　このポセイドンの鉾の跡は今でもパルテノン神殿のあるアクロポリスの丘で見ることができる。また南風が吹くと地下から波の音が聞こえるというロマンチック仕様。

つものを贈れるね」と言って、そのポセイドンが作った海水の泉の横に最初のオリーブの木[*40]を植えました。

アテナイ市民「もちろん海水よりオリーブのが断然いいです！　食べれるし！　アテナ様のほうに、ぜひわれらの市の守護神になっていただきたい！」

——これにブチ切れたポセイドンは洪水を起こして、アテナイ西のトリアシア平原を壊滅させました。このトリアシア平原の洪水は、実際の歴史上の出来事だと言われています。

またある時は女神ヘラとアルゴス市の所有権を巡って対立、再び敗北。しかし最高神ゼウスに「今度洪水起こしたらどうなるか、わかってんだろうな」と釘を刺されていたので、「くっそ〜！　洪水がダメなら逆転の発想で人間どもを困らせたるわい！」と、今度はアルゴスを流れるすべての川を干上がらせました。そのためアルゴスでは今でもゼウスが雨をもたらした時にしか水にありつけない、と言われています。

——この他にもポセイドン逆切れのち大暴れ神話[*41]は語り切れないほどあります。

*40　アテナが植えた最初のオリーブの木のあったこの場所には、今もオリーブの木が植えられている。

*41　アテナとのトロイゼン領有争い、ゼウスとのアイギナ島、ディオニュソスとのナクソス島争いなど。

神も人気商売

なんでこのおっさん、こんなにドンパチやったうえ、ことごとく負けてんだ？　というと、彼の崇拝の歴史に原因のひとつがあります。彼は元々は海の神でなく大地の神で、ミケーネ時代[*42]には最高神に位置する重要な神でした。しかし徐々にその権威をゼウスに奪われ[*43]、海に押しやられたのです。

こう聞くと銀座の一等地から海に浮かぶ板切れの上に追いやられた哀愁が漂いますが、アテナイでは紀元前5世紀から海神ポセイドンの人気は再びうなぎのぼりになります[*44]。なぜならペルシャ戦争の勃発によって海軍や制海権の重要性が高まり、「海神」の必要性も高まったからです。

このように**神々の地位も当時の政治情勢によって変化することがあります。神も人気商売なのです！**

*42　ミケーネ時代のタブレットには他のどんな神よりもポセイドンの名が多く登場する。

*43　領有権争いの多いポセイドンだが、アポロンには快く土地（デルフォイ）を譲っている。一番破天荒で倫理感のない破壊神であるポセイドンと、一番倫理的で文明的な神と言われるアポロンとが仲がいいのは意外に思えるが、ポセイドン＋アポロンのコンビはたびたび神話や図像で登場する。これは人間が自然の脅威から独立して文明を獲得していった流れを、２人の親密さで表現している、と解釈されることがある。

*44　たとえばアテナイ市のご当地の英雄であるテセウスの父が実はポセイドンだった、というような神話も新たに作られた。

コラム4
古代ギリシャの地震予知と耐震技術

日本と同じく地震大国・ギリシャ。2014年にもマグニチュード6・9と6・1の地震に見舞われていて、古代でも推定震度7以上の地震や津波の痕跡[*45]がいくつもあります。古代ギリシャ人は地震と津波は海神ポセイドンが起こすものと考え、非常に恐れていましたが、彼らがどうやってこの災害と付き合っていたのか見てみましょう。

古代ギリシャにおける地震予知

古代ギリシャ人は大地震の前に、次のような予兆があると考えていました。

＊45　哲学者プラトンは「伝説のアトランティス大陸は地震と津波によって一昼夜で滅んだ」と言っているし、今では観光地として有名なサントリーニ諸島も、紀元前17世紀に火山爆発が起こる前は一つの大きな島だった。

・気象の異常。例年にない大雨や日照り、暖冬、冷夏など。
・天体の異常。太陽の色が赤みや黒味を帯びたように見える。大きな流星が観測されるなど。
・大地の異常。地震の起きる付近の泉の水が枯れる。また突風などによって木々が枯れる。地鳴りがするなど。

紀元前373年冬 ヘリケの大地震

古代ギリシャで最大震度[*46]の地震によって滅びた実在の都市としてヘリケ市[*47]が有名です。

「(海と地震の神)ポセイドンが突如として大地を震わせ、地震とともに海が駆け上がって、波がヘリケ市を人間ぐるみ引きさらった。市は岸から2㎞も離れていたのにも関わらず、海がこの地方の大半を襲い、冬場の街をすべて海の下に沈めた。……神がこの市を人間界から消し去ったのだった」(パウサニアス『ギリシア記』第7巻24章・飯尾都人訳)

＊46 古代ギリシャ人は地震を大きさによって、次の3種類に分類していた。
・レベル1——振動が起き始めると神殿の円柱、梁、壁が地震によってずれたりヒビが入ったりするが、揺り戻しによって元の位置に戻される(神殿の耐震機能によって倒壊を免れる)。建物は破壊されない。
・レベル2——簡単な構造の建物をすぐに破壊し、他の建物も徐々に崩れる。
・レベル3——地盤を押し上げる地震。町全体を破壊し、津波、地殻変動によって都市の痕跡をすべて消し去る。

＊47 この時滅んだ都市は長い間どこにあるのかわからなかったが、2001年ついにコリントス湾岸から都市の遺構が発見された。ちなみに1817年にも同じスポットで地震と津波が起こって大きな被害が出ている。

古代の耐震技術

しかし古代ギリシャ人も地震に無抵抗だったわけではありません。たとえば多くの神殿の柱は、輪切りのちくわを重ねて心棒を通したような構造[*48]になっています。こうすると柔軟性とバランス性が生まれて大地震でも倒れにくくなるからです（一番下の輪が右にずれると次の輪は反対側にずれる……その繰り返しでバランスが保たれます）。このような耐震構造によってパルテノン神殿も2000年以上頻発する地震に耐え、立ち続けることができたのでした。

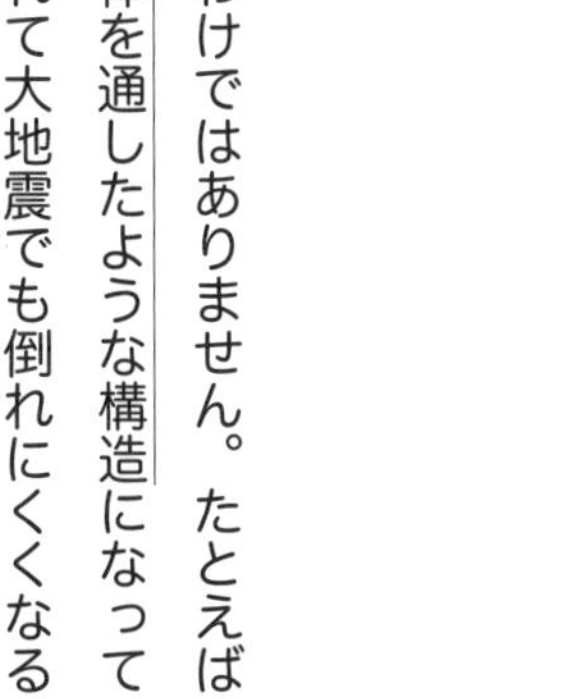

*48 神殿の柱のドラム

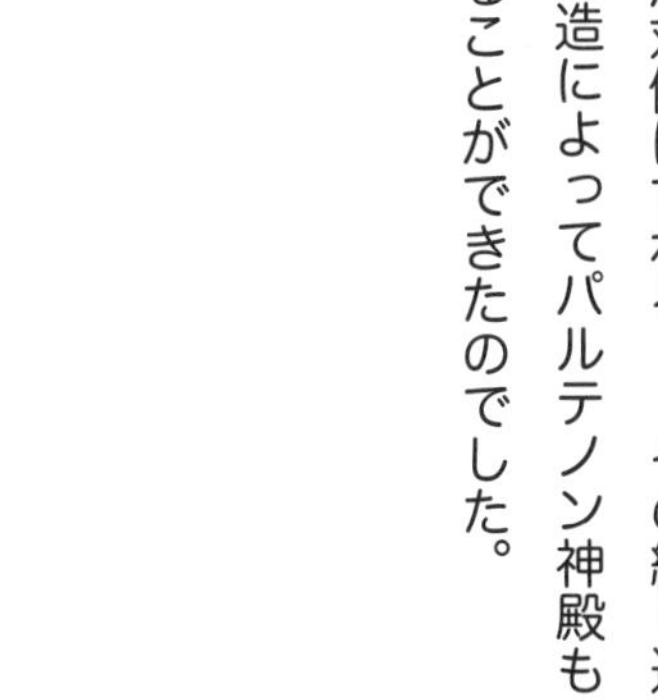

名前	ΑΘΗΝΑ **アテナ**　女性
別名	(英)ミネルヴァ (羅)ミネルウァ
主な職業（権能）	**戦争、軍略、英雄の保護、機織り、** 芸能、技巧、知恵、馬の飼育・乗馬術、 航海術、造船術、建築、紡績、ペンキ塗り…etc

有名なセリフ

「愚か者めが！私と力で争うとは、私がそなたよりどれほど強いか、まだわかっておらぬのか」

（アレスに対して）注1

「お前は可愛い男だな。
アレスなど恐れることはない。
いやアレスばかりか
他のどの神も恐れずともよいぞ。
それほどまでに私は
お前に味方しているのだ」
（英雄ディオメデスに対して）注2

周囲からの評価

「勝利を集めるアテナを
アレスに立ち向かわせるがよい。
**あれならいつもアレスを
痛い目に合わせているからな」**
（ゼウス）注3

「父上（ゼウス）が
あの無分別のじゃじゃ馬娘を
お生みになってから
おかしくなったのだ！
オリンポスに住む神々は、
あの女以外はみな父上の命に服し、
臣下として仕えている。
なのに父上はあの娘だけは叱りも
せず躾《しつけ》もなさらず、好き勝手にの
さばらせておられる！
**あの手におえん女は父上が
お一人でつくった娘だからか！」**
（アレス。ゼウスにアテナの
行いについてグチる）注4

家事から戦争、ペンキ塗りまでこなす古代のキャリアウーマン

漫画『聖闘士星矢』に登場する地上を守る戦神としてもおなじみ、女神アテナ。漫画の中のように人類全体を愛してるわけではなく、肩入れした英雄や地域にしか力を貸さないが、それでも古代ギリシャでも最も崇拝され、重要視された神の一人。

現在のギリシャの首都「アテネ（アテナイ）」も彼女の名前から来ているし、一番有名なギリシャの世界遺産、パルテノン神殿も彼女と関わりのある場所だ。アテナは古代から現代に至るまでギリシャを一番見守っている女神である。

ちなみに、権能がカブっている軍神アレスにはいつも勝利しているが、その理由はアレスにはない「知恵」をアテナが持っているから。

そのため戦争だけでなく、機織りや造船術、ペンキ塗りに至るまで多くの知的活動は彼女が司っている。

容姿

明るい色（灰青）の目をした金髪の女性。足まである長さの服を着て武装している。

●「アテナは自ら織って仕立てた、あでやかな女の衣装を床に脱ぎ捨て肌着を身につけると、悲涙を呼ぶ戦いに臨もうと、武具で身を固める。肩には房を垂らしたアイギス（防具）をかけたが、その武具の縁はぐるりと『敗走（ポボス）』が取り巻き、またその表には『争い（エリス）』があり、『勇武（アルケ）』があり、身の毛もよだつ『追撃（イオケ）』あり、さらには恐るべき女怪ゴルゴの身の毛もよだつ首があった。また頭には、角二つ、星は四つ、百の町の勇士らの姿を描いた黄金の兜をかぶる。燃え盛る火のごとく輝く戦車に打ち乗ると重く堅固な長柄の槍を手に取ったが……」注5

シンボル、持ち物（見分け方）

アイギス（山羊皮で作られ中央にメデューサの首がついている楯、もしくは胸当ての形の防具）、兜、鎧、槍、勝利の女神ニケを伴っている。

【動物】フクロウ

【植物】オリーブ

【左】武装したアテナ　【右】右手に勝利の女神ニケを持つアテナ

誕生日	ヘカトンバイオン(百牛犠牲)の月の27日。聖日は月の3日。
誕生地	リビアのトリトニス湖
家族構成	父 / ゼウス(本当はポセイドンだ、という人もいる。アテナの瞳はポセイドンと同じ明るい色だから **注6**) 母 / なし(もしくは知恵の女神メティス) 子供 / エリクトニオス(間接的に)
美称	**パルテノス(処女神)**、グラウコピス(輝ける目の君/明るい色の目の君)、ポリウーコス(都市の守護神)、ポレメドコス(戦の担い手)、**パラス・アテナ(意味は不明)** 注7、コリュファゲネス(頭から産まれた君)ほか
女性遍歴	—
男性遍歴	— **(アテナは処女神)** ただしヘファイストスの精液を足にひっかけられて、そこから子ども(エリクトニオス)が産まれたことはある。また、ギリシャの一部地域では処女神ではない。

アテネのアクロポリス
(レオ・フォン・クレンツェによる復元図)

アテネのアクロポリス(パルテノン神殿)

ギリシャで最も有名な世界遺産、アテネのアクロポリスもアテナがメインで祀られている場所である。当時は巨大なアテナ女神像が建っており、海からでも見ることができたという。

注1:ホメロス『イリアス』第21歌410行目以下　**注2**:ホメロス『イリアス』第5歌826行目以下　**注3**:ホメロス『イリアス』第5歌769行目以下　**注4**:ホメロス『イリアス』第5歌870行目以下　**注5**:ホメロス『イリアス』第5歌733行目以下　**注6**:パウサニアス『ギリシア記』第1巻14章6節　**注7**:神話では「パラス」はアテナの幼い時の親友で、誤ってアテナが殺してしまったために以後彼女の名前を冠して「パラス・アテナ」と名乗ることにした、と説明されている。　**注8**:ヘシオドス『神統記』886以下、ピンダロス『ピンダロス祝勝歌』「オリンピア祝勝歌第7番」33行目以下、その他　**注9**:Suidas s.v. Arrenophorein, Peplos, Panathenaia. Callimachus, Fragment 122, etc.　**注10**:Suidas s.v. Plynteria

神話上の主な経歴

誕生	知恵の女神メティスを飲み込んだ父ゼウスの頭から完全武装で雄たけびを上げつつ産まれる。**注8**
幼少期	アラルコメナイ村で養育される。海の神トリトンの娘であるパラスと共に戦闘の技に励んだが、ある時アテナが彼女を殺してしまう。以降、彼女は親友の名を取って「パラス・アテナ」と名乗る。
成年期	**ギガントマキア(巨人族との戦い)** アテナはゼウスと共に巨人族を倒す。
	・ポセイドンとアッティカ(アテナイ)の土地の領有権を巡って争う(→96ページ)。アテナが勝つ。 ・ポセイドンとトロイゼンの土地の領有権を巡って争う。この時は引き分けで、この土地は二神の共有の土地になった。
	・ヘファイストスの精液を足に引っかけられる。そこから下半身が蛇のエリクトニオスが産まれる(一説にはアテナを嫌うポセイドンがヘファイストスをけしかけた)。 アテナはエリクトニオスを籠の中に入れ、「決して中を見るな」と言いおいてアテナイ王の娘であるアグラウロスに預ける。しかし、箱の中が気になって開けてしまったアグラウロスは、そこに下半身が蛇の子どもがいるのを見て発狂、アクロポリスから飛び降りる。 この知らせをカラスから聞いたアテナは驚き悲しんだ。ちょうど町の守りを固めようと運んでいた大きな岩を思わず取り落してしまう。この時できたのが、アテネのリュカベトス山である。 またアテナはこの知らせをもたらしたカラスを怨み、その色を白から黒に変え、二度とアクロポリスに近づかないよう言いおいた**(それゆえに今でもパルテノン神殿周辺にはカラスがいない)**。
紀元前12世紀ごろ	**トロイア戦争** ギリシャ側につき、数々の助太刀をした。

※英雄ヘラクレスや英雄ペルセウスの冒険のアシストをした。
・人間の女アラクネと織物勝負をして負けたため、アテナは怒って彼女を蜘蛛(=ギリシャ語でアラクネ)に変えた。
・笛、ラッパ、馬の手綱、戦車、船の発明なども。

主な崇拝地や特徴的な儀礼

・アテナの誕生祭(ヘカトンバイオン月の27日から3日間)
選ばれた処女たちがアテナ像のための衣を織って贈る。アテナのためにバースデーソングを作って歌ったり、ボートレースやさまざまなコンテストがアテナを祝して催される。景品は壺。**注9**

・アテナ神殿の大掃除(タルゲリオン月)
アテナ像の神衣を脱がせて洗う。アテナ像の裸身は選ばれた処女しか見てはならない。この日は夕方までアテナが街に不在のため、縁起が悪い日と言われている。**注10**

戦争から、機織り、油絞りまですべて一人でこなす女神

戦いと知恵の神アテナ。完全武装の姿で雄たけびを上げながら生まれ、[*49] **神話の中では名だたる英雄たちに力を貸し、実際の戦争においては都市の守護神でもありました。**

こういうと男勝りのイメージを持ちがちですが、一方でこんな一面もあります。

「アテナは自らの手で織って仕立てたあでやかな女の衣装を、父の館の床にぬぎ捨て、……悲涙を呼ぶ争いに臨もうと、武具に身を固めた」

そう、彼女は当時の女性の仕事だった機織りも、男性の仕事だった戦争も、すべて自分一人の手でこなしています。古代ギリシャにおける男性性と女性性、その両方に卓越した女神、それがアテナでした。

それ以上に、芸能、技巧、知恵、馬の飼育術、乗馬術、航海術、造船術、建築、紡績からペンキ塗りや油絞りまで司り、「そんなところまで自分でやらなくても……」というレベルで、全人類の仕事の守護神でもありました。

*49 ある時ゼウスがトリトニス湖の周囲を散歩していると、急激な頭痛に見舞われた。「先日知恵の女神メティスを丸呑みしたのが悪かったのかもしれない…頭が痛い…！」天界の隅々まで響き渡るほど大泣きしながら、鍛冶の神ヘファイストスに曰く、ゼウス「頭痛で死にそうだ！ すまんがお前のその斧でワシの頭かち割ってくれ！」「了解しました！」と素直に快諾したヘファイストス。ゼウスの脳天に斧を一発お見舞いすると、そこから戦争の女神アテナが誕生した。

アテナに最も愛されているのは誰か

さて、そんな頼りがいのあるアテナですから、もちろん古代ギリシャ人にも極めて愛されています。アテナ誕生にまつわる、こんな神話があります。

偉大な女神が生まれたのを知ると、ギリシャ各都市はこぞって「ぜひうちの町をホームタウンにしてもらおう！」「ギリシャ中で一番最初にアテナ様の神殿を建てるんだ！　者ども！　かかれー！」とアテナゲット大作戦を展開し出しました。その中で真っ先に神殿建築競争に打ち勝ったのはロドス島でした。

ロドス島民「よっしゃあ！　あとは神殿の前でアテナ様に最初の供犠をするだけだ！　アテナ様は俺たちがもらったあー！」

しかしこういう時こそ、人は油断してミスってしまうもの。*50 ロドスの人々は慌てるあまり、祭儀に必要な火を持たずに供犠を執り行ってしまうという凡ミスを犯してしまったのです。そしてその一瞬のスキを突いてアテナ神殿を建築し、供犠をつつがなく終了させたのがアテナイ市でした。

玉座に座るゼウスの頭から武装したアテナが生まれている。

*50　これは「ロドスではアテナへの祭儀に火を用いないのはなぜか」を語る起源譚でもある。ロドスのリンドス市では本来必要な犠牲獣を火で焼く供犠ではなく、菓子や果物がアテナに捧げられた。

それゆえにアテナはこのアテナイ市を自らの市に定め、すべてのギリシャの中で最も寵愛したのでした……。

――というのはアテナイ市民だけの言い分です。確かに、「アテナ」という女神の名と「アテナイ」という都市の名が似ていることからもわかるように、アテナとアテナイ市は歴史上も極めて深いつながりを持っています。むしろアテナの名は「アテナイ市の女神」を意味しているという見方もあるくらいです。

それゆえにアテナイ人はすべての神々の中で最もアテナを重要視していたし、「アテナ様も俺たちのことを一番大事に思ってくれているはずだ」という神話も溢れています。

しかし、他の都市のアテナ神話に目を向けてみると、「別にアテナはアテナイ市民を特別扱いしてない、俺の都市の英雄たちも愛してくれている！」という神話で溢れており、**みんな自分の都市が一番アテナに愛されている、と主張しています。**

こういうところにも古代ギリシャの神話の地方性、そしてアテナがいかに崇拝されていたかが見て取れます。

もっと知りたい
ギリシャ神話の謎

なぜこのレリーフで ハブられている人がいるのか

本の表紙イラストは「トロイア戦争で英雄達を指揮するアテナ」を描いたアイギナ島（現：エギナ島）にあるアファイア神殿に飾られていたレリーフです。

アテナを中心に（神殿の破風の中央には神しか立つことができません）、神話のトロイア戦争で活躍したアキレウスやアイアスら英雄達が勢ぞろいしています。なぜ名前も記されていないのにどの英雄か特定できるのかというと、たとえば一番左の人物は鷲が描かれた楯を持っています。鷹をシンボルにしている英雄は、古代ギリシャ語の「鷲（アイエトス）」から名前を付けられた英雄「アイアス」である……というように、ある程度特定していくことが可能なのです。

ところで、このレリーフを見ていると気づくことがあります。それは、ここに描かれているギリシャの英雄はすべてアイギナ島に関わる英雄たちだということ。たとえばトロイア戦争で屈指の勇士であったアルゴス市の英雄ディオメデスなどは描かれていません。この理由は、「かつて女神アテナに守られて最も勇敢に戦ったのは、アテナイ市でもほかのどの連中でもなく、俺たちアイギナ市の英雄だ！」と示すためです。

このように古代ギリシャ人たちはトロイア戦争という同じ神話のシーンを描くにしても、地方性や政治性を反映させていたのです。

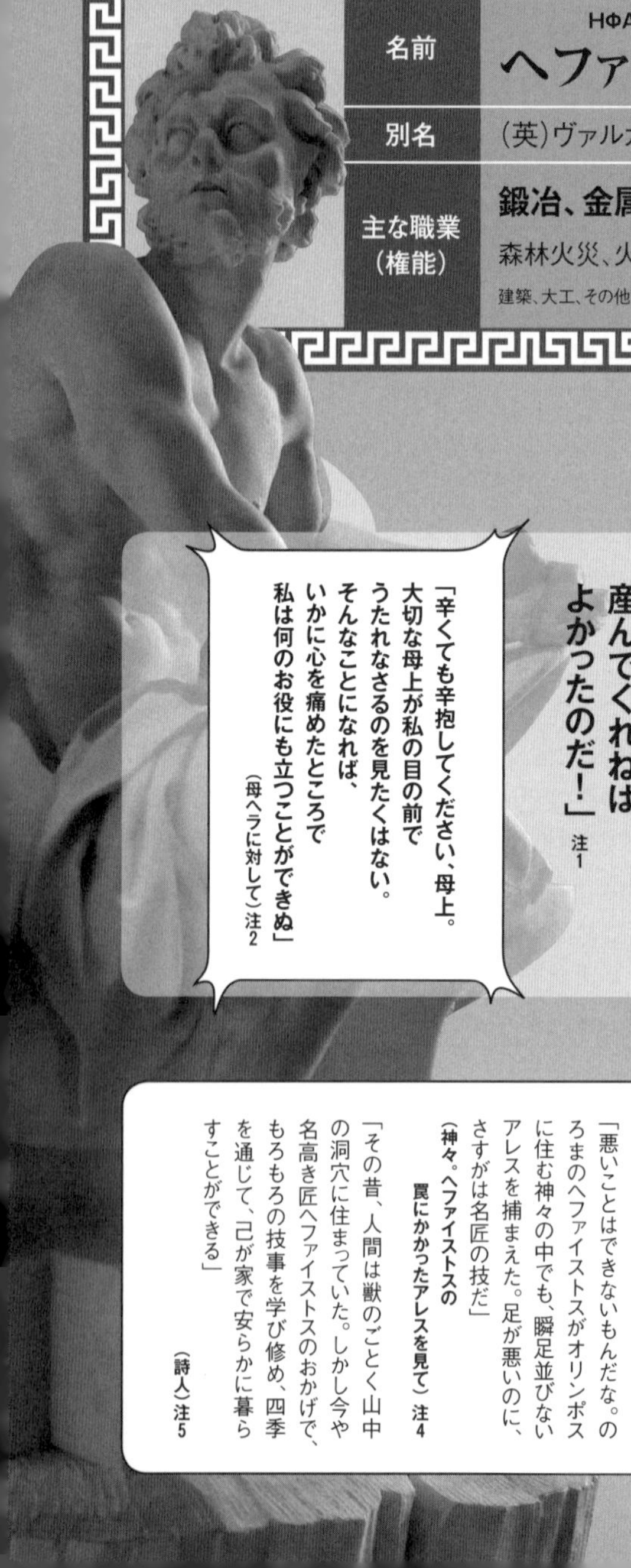

名前	ΗΦΑΙΣΤΟΣ **ヘファイストス**　男性
別名	（英）ヴァルカン（羅）ウルカヌス
主な職業（権能）	**鍛冶、金属加工、鉄、火、** 森林火災、火事、火山、 建築、大工、その他職人

有名なセリフ

「アレスは美貌で足も達者だが、私のほうは不具に生まれついた。しかしその咎《とが》は他の誰でもない、両親にある。

私のような者など産んでくれねばよかったのだ！」注1

「辛くても辛抱してください、母上。大切な母上が私の目の前でうたれなさるのを見たくはない。そんなことになれば、いかに心を痛めたところで私は何のお役にも立つことができぬ」（母ヘラに対して）注2

周囲からの評価

「この私（ヘラ）の産んだ子ときたら、**あらゆる神々の中でも虚弱で、脚の曲がったヘファイストスだった。**私のあの子を両手でつかんで大海に放り込んでやりました」

（母ヘラ）注3

「悪いことはできないもんだな。のろまのヘファイストスがオリンポスに住む神々の中でも、瞬足並びないアレスを捕まえた。足が悪いのに、さすがは名匠の技だ」

（神々。ヘファイストスの罠にかかったアレスを見て）注4

「その昔、人間は獣のごとく山中の洞穴に住まっていた。しかし今や名高き匠ヘファイストスのおかげで、もろもろの技事を学び修め、四季を通じて、己が家で安らかに暮らすことができる」

（詩人）注5

醜く軽んじられる鍛冶の神 しかし技術で苦境を切り拓く 職人の理想の姿

美しい神々の中でヘファイストスは例外的に外見をボロクソに言われるほど醜く、また足も不自由で杖を突いていた。これは古代ギリシャの鍛冶職人がヒ素中毒で皮膚病や手足の麻痺にかかることが多かったので、そのイメージから来ていると考えられている。

彼は醜く、神々の間でも地位が低く軽んじられていたが、それでも自分の職人としての腕一本で苦境を切り拓く、強《したた》かな一面も持っていた。そしてそれこそが古代ギリシャの現実社会で抑圧されていた職人たち自身の理想の姿でもあった。

●「その巨躯は息を弾ませ足を引きずりながら、鉄床台から立ち上がったが、細いながらその脚は軽々と動いた。……海綿で顔や手、逞しい顎と毛むくじゃらの胸の汚れをふき取ってから肌着をつけ、太い杖をとって足を引きずりながら仕事場を出た」注7

●「息を弾ませて部屋の中のひょこひょこと駆け回るヘファイストスの姿を見て、至福の神々の間には消すべくもない哄笑が沸き起こった」注8

●「(人間は)ヘファイストスの神殿に入り、その神像をさんざんに嘲笑した」注9

容姿
見た目は醜く、足が悪く杖をついていることもある。

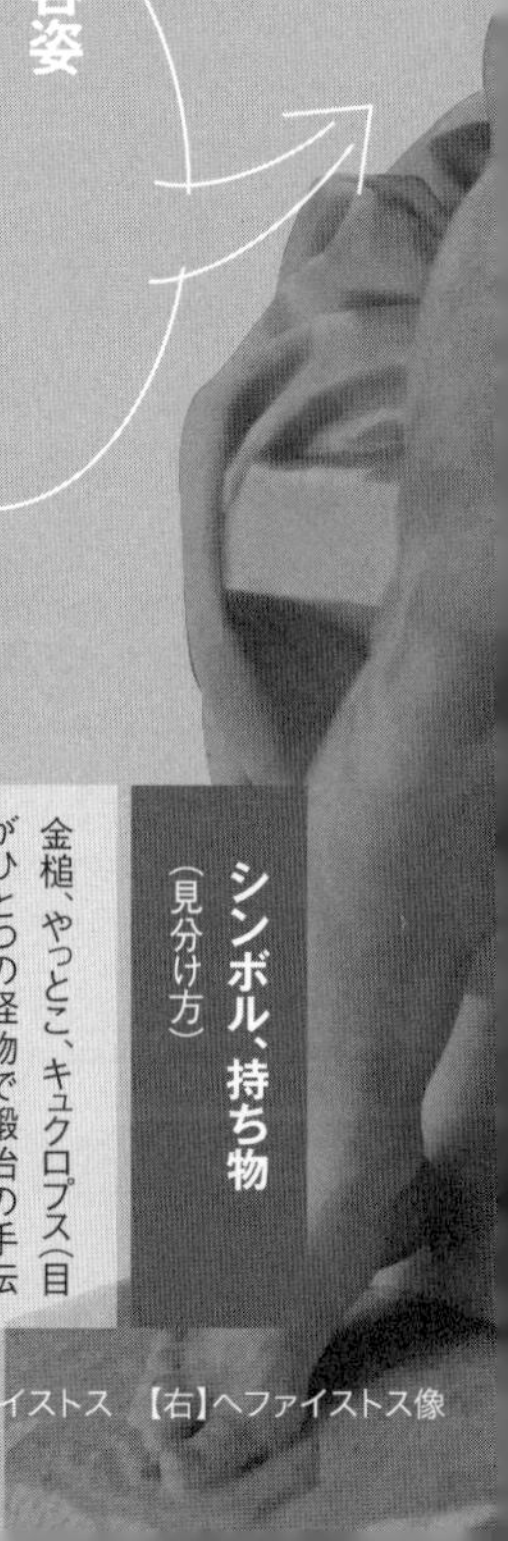

シンボル、持ち物（見分け方）

金槌、やっとこ、キュクロプス（目がひとつの怪物で鍛冶の手伝い）
【動物】ろば、鶴、番犬

【左】女神テティスに武具を作るヘファイストス　【右】ヘファイストス像

誕生日	不明
誕生地	オリンポス（しかしすぐに海に投げ落とされてレムノス島へ）
家族構成	父／なし（ゼウスの場合もあり） 母／ヘラ 妻／アフロディテ、もしくは優雅の女神カリス（アグライア） 子供／エリクトニオス、カベイロなど 親友／ディオニュソス **注10**
美称	クリュトテクネス（名高き職人）、ポリュメティス（機知に富む者）、アイタロゲイス・テオス（すすけた神）、アンフィギュエエイス（足萎えの神）、クッロポディオン（足を引きずる神）ほか
女性遍歴	**・カベイロ** レムノス島の女神。ヘパイストスとの間に蟹足の（足の悪い）鍛冶の神々である「カベイロスたち」を産む。**注11** 彼らの崇拝は秘儀であり、その内容は門外不出だったため、神話もまた錯綜している。 ・その他、アグライア、アイトナ、カベイロ、アンティクレイアなど。また、アテナの足にひっかけた精液からエリクトニオスが産まれた。
男性遍歴	―

ヘファイストスの主な作品

・オリンポスの神々の神殿
黄金と大理石でできている神々の住居。ついでに自動で動いて食べ物をサーブする足つき鍋も神々のために作っている。
・青銅の巨人タロス
クレタ島の海岸線を警備するためのロボット（クレタ島のクノッソス宮殿に城壁がないのはこのロボットが守っていたからだ、と古代ギリシャ人は考えていた。）
・デルフォイの歌う人形
アポロンの青銅の神殿を作った際、自動で歌う乙女たちの人形を飾りでつけてあげた。
・パンドラ
粘土で作られた最初の人間の女性。
・見えない鎖　浮気をした自分の妻アフロディテと間男アレスを捕まえるために作った罠。
・ハルモニアの首飾り
妻アフロディテがアレスと浮気をして生まれた娘ハルモニアに、呪いをかけた首飾りを贈った。

神話上の主な経歴

誕生	産まれてすぐ、母ヘラによって外見の醜さゆえにオリンポス山から投げ落とされる。しかし密かに海の女神テティスによって育てられた（もしくはヘラがナクソス島の養父に9年間預けて、鍛冶の術を学ばせた）。
9歳	生きていることをヘラに悟られる。ヘラはヘファイストスのために立派な鍛冶場を作ってやった。
成年期	・母ヘラに復讐をするために彼女に見えない足枷のついた玉座を贈る。腰を下ろしたヘラは罠にかかって立ち上がれなくなった。 その後同じくヘラの息子であるアレスがヘファイストスを武力で連れ戻そうとするが、彼が仕掛けておいた罠に阻まれて失敗に終わった。 他の神々は「ヘファイストス、自分の母になんてことするんだ!」と説得するが、彼は「私に母はいない」と言って、オリンポスを去り引きこもった。 ヘファイストスは誰の説得にも応じなかったが、唯一親友であるディオニュソスが酒の力で説得に成功、オリンポスに連れ帰る。（この際ゼウスに「望むものはなんでもやる!」と言われ、美の女神アフロディテ、もしくは軍神アテナを所望した。**注12**
	・ゼウスとヘラの口論中にヘラに味方したが、怒ったゼウスに天から投げ落とされた。彼はレムノス島に墜落して、それゆえに足が不自由になった、という説もある。
紀元前12世紀ごろ	**トロイア戦争** ギリシャ側に味方をした。河神スカマンドロスを火によって干上がらせたり、英雄アキレウスの武具を作ったりした。

主な崇拝地や特徴的な儀礼

・**レムノス島**（ここはヘファイストスが一番好きな場所である）**注13**

・**聖火リレー**
聖火を数人でリレーして、最初にゴールしたチームが優勝するというもの。ギリシャ全土にあった。**注14**

・**ヘファイストス神殿の猟犬（シチリア島）**
シチリア島のヘファイストス神殿の中は聖なる木立、永遠に灯された火があり、猟犬も飼われていた。誠実な人がこの神殿に立ち入った時には犬は出迎えてじゃれつくが、犯罪者が来た時には噛みつく。また不倫や淫蕩にふける者は噛みつかないが吠えて追い出すという。**注15**

注1：ホメロス『オデュッセイア』第8歌311行目以下　**注2**：ホメロス『イリアス』第1歌585行目以下　**注3**：『ホメーロスの諸神讃歌』「アポローン讃歌（讃歌第3番）」315行目以下　**注4**：ホメロス『オデュッセイア』第8歌328行目以下　**注5**：『ホメーロスの諸神讃歌』「ヘファイストス讃歌（讃歌第20番）」5行目以下　**注6**：アイスキュロス『縛られたプロメーテウス』35行目以下　**注7**：ホメロス『イリアス』第18歌410行目以下　**注8**：ホメロス『イリアス』第1歌600行目以下　**注9**：ヘロドトス『歴史』第3巻37章　**注10**：パウサニアス『ギリシア案内記』第1巻20章3節　**注11**：ヘロドトス『歴史』第3巻37章　**注12**：ヒュギーヌス『ギリシャ神話集』166節　**注13**：ホメロス『オデュッセイア』第8巻267行目以下　**注14**：ヘロドトス『歴史』第8巻98章2節　**注15**：Aelian, *On Animals* 11. 3

なぜヘファイストスはひどい扱いを受けるのか

21世紀になっても未だ実現しない、意思を持つロボット。リモート機能で遥か遠くまで荷物を届けて帰ってくるラジコン。あるいはパリコレのトップデザイナーも裸足で逃げ出す美しい意匠のアクセサリー。

……そんな素晴らしい作品の数々を生み出した鍛冶と職人の神ヘファイストス。しかし、彼自身の神話は、昼ドラも真っ青の過酷なエピソードに満ちています。

まず彼が産まれたとき、母であるヘラはこう嘆きました。

「私が産んだ子ときたら、あらゆる神々のうちで最も貧弱で、脚の悪い*51ヘファイストスだった。私はあの子の両手をつかんで海に放り投げてやったわ。——海の女神テティスが彼を受け取って面倒を見てくれたようですが、テティスももっと他のことで神々の役に立ってくれればよかったのに」

(『アポロン讃歌（讃歌第3番）』314行以下・沓掛良彦訳)

*51 「鍛冶神の足が悪い」という神話はギリシャのみならず、西アフリカやスカンジナビア半島にも似たものがある。これは鍛冶屋が脱走して敵に寝返らないようにわざと彼らの足を悪くさせた歴史を物語っている可能性や、あるいは有害な金属による中毒症状を暗喩している可能性がある。

またある時は両親であるゼウスとヘラと夫婦喧嘩の仲裁に入りましたが、ヘラをかばったため怒ったゼウスにオリンポスの山の頂上からレムノス島*52に叩きつけられて半死半生に。

あるいは妻であるアフロディテが弟のアレスと浮気。

ヘファイストス「妻すらも醜い私を軽蔑して、乱暴者の弟を愛している。アレスは私と違って逞しいからか！　だが私が醜いのは私のせいではない。両親のせいだ！　私のような者など産んでくれねばよかったのだ！」

——その他も宴会でお酌をして回ったら、その姿が滑稽だったので他の神々に嘲笑されたりと、神話内ではヘファイストスは非常に過酷な待遇を受けています。

なぜ、ヘファイストスはこんなにひどい扱いを受けるのか。それは貴族的なギリシャ神話の世界観の中で、鍛冶屋の地位が低かったことを反映しています。

*52　レムノス島はヘファイストスの大きな崇拝地のひとつである。ヘファイストスの仕事場は火山であり、レムノス島も昔は火山島で煙が吹き上がっていたという。その他リュキアからキリキア一帯の火山群や、シチリア島近くのリパリ諸島など、火山島と関係が深い。

鍛冶屋は職人として利用はされますが、そこまでの尊敬をもって接せられる存在ではなかったのです。古代ギリシャの中では、ヘファイストスをオリンポス十二神の中に数えていないアルカディアのような地方もあるくらいです。

自分の腕だけで状況を切り拓く神

しかし、ヘファイストスは嘲笑されつつも、自分の技術と知恵で過酷な状況を切り拓いています。

たとえば、妻アフロディテの浮気を現行犯で押さえることができたのは自分が作ってベッドに仕掛けておいた見えない鎖のおかげでした。また自分を捨てた母ヘラに復讐をしようと、見えない鎖のついた黄金の玉座を贈り、母が座ったとたんに縛り上げる工作もしました。

この時ヘファイストスは自分の仕事場に籠ってストライキを起こしたので、武器も神殿も装飾品も作ってくれる者がいなくなって神々は困り果てることになったのです。

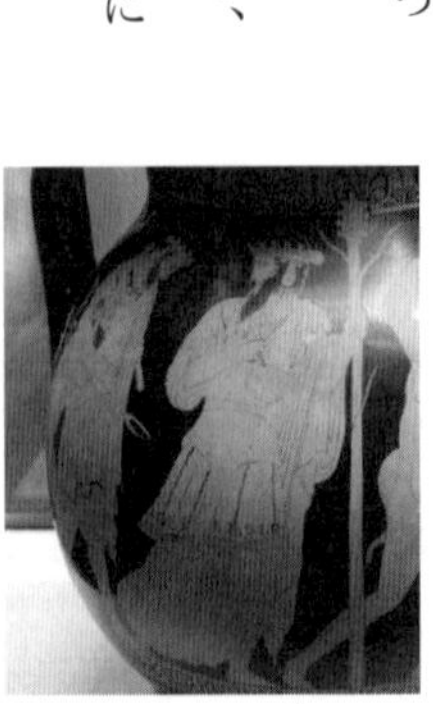

＊53　酒神ディオニュソスに先導されてオリンポスに戻ってくるヘファイストス（足が悪いのでサテュロスに支えられている）

しかし彼は自分を嘲笑したどの神の説得にも応じようとはしませんでした。ヘファイストスがただ一人厚く信頼する親友、酒神ディオニュソス（彼も弱者の味方です）だけが、彼を酔わせて説得し、オリンポスに連れ帰ることができたのでした。[*53]

このように神話は「鍛冶屋を過小評価すると痛い目を見る」という点も示しているのです。

ヘファイストスはあまり尊敬を集める神ではありません。**しかしながら、貴族的社会に職人たちがその技術と知恵で対抗してきたように、自分の腕だけで状況を切り拓く強《したた》かさを持つ神**でもありました。

さらに、ヘファイストスを崇拝しない地方がある一方で、特に職人が高い地位を持っていたアテナイ市では大きな崇拝を受けていました。[*54]広場の近くのヘファイストス神殿には神のご利益にあずかろうとたくさんの職人や鍛冶屋の仕事場が集い、[*55]火の神であるヘファイストスを祝うための祭儀では、今のオリンピックと同じような「聖火リレー」も行われていたのでした。

＊54　今も残るヘファイストス神殿。

＊55　ヘファイストスのお祭りでよく行われるのが、「聖火リレー」である。松明をリレーしていって、最初にゴールしたチームが優勝するというもの。アテナイでは、ヘファイスティア祭、カルケイア祭、アパチュリア祭など、彼を祝うための複数の祭儀も存在していた。

名前	ΑΡΗΣ **アレス** 男性
別名	(英)マーズ (羅)マルス
主な職業(権能)	**戦争、破滅、戦闘、** 都市の守護、勇気、略奪、反乱、 市民の暴動、山賊、強盗、殺人の保護

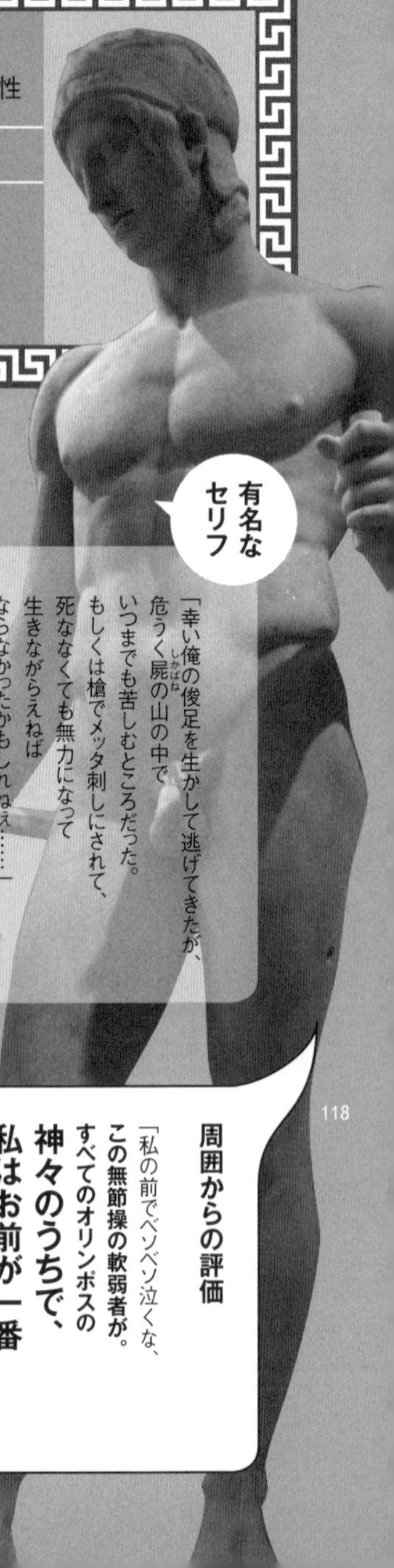

有名なセリフ

「幸い俺の俊足を生かして逃げてきたが、危うく屍《しかばね》の山の中でいつまでも苦しむところだった。もしくは槍でメッタ刺しにされて、死ななくても無力になって生きながらえねばならなかったかもしれねぇ……」

(英雄ディオメデスに刺された脇腹を押さえながら)注1

「愛しい女神よ。さあ床に入って添い臥し、愛の愉楽に浸ろうではないか。夫のヘファイストスはもはやこの国にはおらぬからな」

(アフロディテと不倫する時)注2

周囲からの評価

「私の前でベソベソ泣くな、**この無節操の軟弱者が。すべてのオリンポスの**

神々のうちで、私はお前が一番大嫌いだ。

お前が好きなことと言ったら争い、戦争、喧嘩ばかり。まったくお前は……」

(父ゼウスによる説教)注3

「この**煩わしい犬ハエ**が。なぜそなたは身勝手に大胆不敵にも神々を争わせようとするのか」

(アテナ)注4

「アレスなど恐れることはない。……見よ。正気の沙汰ではない、**悪を絵に描いたような男だ**」

(アテナ。英雄ディオメデスに対して)注5

ギリシャではボコボコにされているが、ローマでは大人気の軍神

知恵を司り戦略や兵法を用いて戦う軍神であるアテナと違い、アレスは戦争の荒々しく破滅的な面を象徴している軍神である。

古代ギリシャ人はこういった無秩序でルールのない戦いを野蛮視していたため、自然とアレスは戦いでボコボコにされている神話が多い。

彼は戦いを求めて戦いをし、戦争に明け暮れる戦神だが、一方で家族や恋人を守るために戦いに身を投じる情の深い一面もある。

古代ギリシャではあまり人気のない神だったが、ローマになると「マルス」と同一視され、ローマの国の祖となり、大人気の神になった。ギリシャ神話一出世した男でもある。

容姿

槍と楯を持ち武装したひげの男性、もしくはひげのない若い男性。

彼にはシンボルがあまりないので、古代ギリシャの美術ではなかなか判じにくい。

●「アレスは美貌で足も達者だが……」注6

●「（英雄ディオメデスは）軍神の美しい肌を裂くと、すぐに槍を引き抜いた。このとき青銅まとうアレスは軍兵9000、いや1万の発する声ほどの呻きをあげた。……戦いに飽くことを知らぬアレスの悲鳴は、それほどまですさまじかった」注7

●「鉄の心持つアレスでさえ、兜もつけず、槍も担がず、胸当ても鋭い剣も持たず、踊りの輪に加わって笑っていた」注8

シンボル、持ち物
（見分け方）

槍、武具、火星

【動物】キツツキ、メンフクロウ、ハゲワシ、ワシミミズク、雄鶏、羽を矢のように射る神話上の鳥、犬、狼

【植物】トネリコ

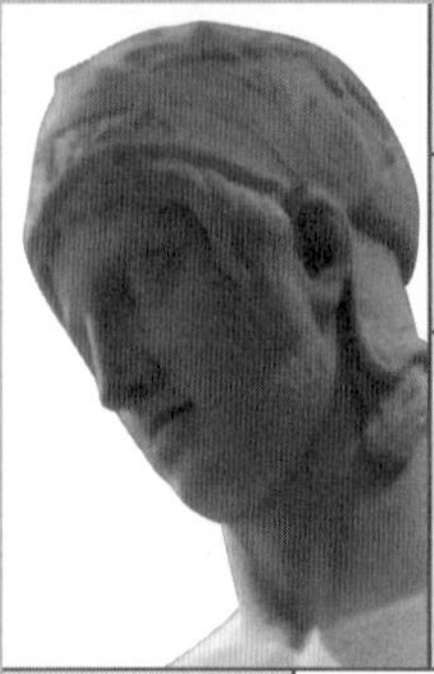

誕生日	不明
誕生地	トラキアとプロポンティス（現:マルマラ海）の左岸。
家族構成	父／ゼウス（いない場合もあり） 母／ヘラ 妻／なし、もしくはアフロディテ 子供／フォボス（敗走）、ディモス（恐怖）、ハルモニア（調和）、エロス（愛欲）など
美称	ミアイフォノス（血まみれの神）、テイケシプレテス（都市を荒らす神）、リノトロス（楯を突き破る神）、**アンドレイフォンテス（男を殺す神）、ギュナイコトイナス（女を喜ばす神）**注9　ほか
女性遍歴	**・アフロディテ** アフロディテと浮気しているところを彼女の夫ヘファイストスに見つかり、すべての男神の前でさらし者にされる。（→116ページ） **・タナグラ**注10 ニンフのタナグラをめぐってヘルメスと殴り合いになり、負けた。 **・アエロペ**注11 人間の娘アエロペと恋におち、彼女は妊娠したが出産の際に死んでしまった。アレスは乳を欲しがる息子のために死んだ母の胸から母乳がしばらく出るようにしてやった。 ・その他、アステュオケやデモニケ、エオスなど。
男性遍歴	―

アレスの主な敗北

・トロイア戦争での敗北（註1参照）
軍神アテナの加護を受けた英雄ディオメデスによって脇腹を刺され、一万の軍勢と同じくらいの大絶叫とともにオリンポスへ敗走。

・ピュロスの戦いで英雄ヘラクレスに敗北（註a）
ヘラクレスの槍を楯で3度防いだが、4度目に太ももを刺されて倒れ、敗走。

・ボクシングでアポロンに敗北（註b）
神話の中の神々のオリンピック競技祭が開かれた時、アポロンにボクシングで挑んで敗北。

※ただし、ギガントマキアでの巨人との戦いなど、勝っている戦いもある。また、息子や娘のピンチに助けに入る（結局負けるが）など情の深い面もある。

（註a） Hesiod, *Shield of Herakles* 357 ff　（註b） パウサニアス『ギリシア記』第5巻7章10節

神話上の主な経歴

誕生	父ゼウス、母ヘラの間に、エリス（不和）、エイレイテュイア（出産）と共に生まれる。
成年期	**ティタノマキア（ティターン大戦）** ゼウスをサポートして戦う。**注12** **ギガントマキア（巨人大戦）**（ゼウスの項参照） ・巨人族のアロアダイとの戦いに敗れ、天界から投げ落とされる。その後、**13カ月もの間青銅の甕の中に閉じ込められた**が、ヘルメスによって助け出される。 ・死の神タナトスが人間シシュポスによって縛り上げられ、人間は死ぬことができなくなった。その時、アレスがタナトスを助けてシシュポスを捕まえた。 ・ポセイドンの息子を殺した罪で神々の法廷に訴えられる。しかしアレスは「俺は娘がアイツの息子に犯されそうになってたから助けたんだ!」と申し開きをして、無罪放免になった。
紀元前12世紀ごろ	**トロイア戦争** トロイア側に参戦。最初は母のヘラと、アテナに「ギリシャ側につく」と約束したにも関わらず、恋人のアフロディテに説得されてトロイア側に寝がえる。結局、戦いの中で英雄ディオメデスに刺されたり、アテナに倒されたりした。

※母ヘラの命令によりアポロンとアルテミスの誕生を邪魔するが失敗、ヘラクレスと戦って負ける、ヘファイストスを力づくでオリンポスに連れ戻そうとして失敗（ヘファイストスの履歴書参照）など。

主な崇拝地や特徴的な儀礼

・戦争の出征の前にアレスに供犠を捧げることはよくあるが、神殿や祭儀で祀られることはあまりない。ただしスパルタでは盛大に祀られていて、祭儀には犬を供犠に捧げた。

・アレスの足枷

スパルタの彼の像には足枷がはめられた状態で祀られていた。それは「勝利の神であるアレスが逃げて行かないように」との理由である。**注13**

注1：ホメロス『イリアス』第5歌887行目以下　**注2**：ホメロス『オデュッセイア』第8歌290行目以下　**注3**：ホメロス『イリアス』第5歌889行目以下　**注4**：ホメロス『イリアス』第21歌383行目以下　**注5**：ホメロス『イリアス』第5歌826行目以下　**注6**：ホメロス『オデュッセイア』第8歌265行目以下　**注7**：ホメロス『イリアス』第5歌863行目以下　**注8**：Colluthus, *Rape of Helen* 14 ff　**注9**：テゲアでは女性によってアレスは崇拝されていた。**注10**：Corinna, Fragment 666　**注11**：パウサニアス『ギリシア記』第9巻37章7節　**注12**：ただしこれは後のギガントマキアとの混同かもしれない。 Nonnus, *Dionysiaca* 18. 274 ff　**注13**：パウサニアス『ギリシア記』第3巻15章7節

暴れん坊で嫌われ者の破壊神

無益な殺生に飢えていて血を見ないと気がすまない**軍神アレス。そんな彼の神話によくある展開が、「軍神なのにボッコボコにされる」パターン**です。ある時、地上の戦争に参加していると、軍神でありながら人間に脇腹をザックリ刺され[*56]、兵士1万人分の悲鳴を上げつつ敗走。父ゼウスに泣きついて曰《いわ》く、

アレス「おやじ！　見てくれよこの血！　あの人間マジありえねぇ、逃げるのがもう少し遅かったらメッタ刺しにされて生きる屍になってたかもしんねぇ！」

ゼウス「私の前でベソベソ泣くな、この無節操の軟弱者が。すべてのオリンポスの神々のうちで、私はお前が一番大嫌いだ。お前が好きなことと言ったら争い、戦争、ケンカばかり。お前は……（以下延々ゼウスの説教）」

またある時は巨人族に敗北したあげく鎖で繋がれ、地上の青銅の甕の中に13カ月も閉じ込められました。[*57]神々が「そういえば最近、アレス見ないなぁ……」と思っているうちに弱って死にかけていたのでした。

＊56　この時、アレスを刺したのは軍神アテナに守られた英雄ディオメデスだった。ちなみにディオメデスは美の女神アフロディテの手も刺し、光明の神アポロンにも襲いかかった極めて強い英雄。

＊57　ヘルメスが隠されていたアレスを見つけて助け出した。

あるいはヘラクレスに敗北して天界まで追い回されたし、同じ軍神であるアテナには何度も敗北しています。さらにアフロディテ[*58]と浮気している現場に踏み込まれて網で天井から吊るされた挙句、野次馬でやってきた神々に嘲笑されたり、ポセイドン[*59]の息子を殺害したことで神々に訴えられ、被告として法廷に立たされたり……。

このようにアレスは極めてネガティブなイメージで描かれることが多い神です。というのも**彼は同じく軍神であるアテナとは違い、戦略や正義や秩序とは無縁の、残忍で獰猛で殺戮を好む破壊的な神**だったからです。彼は戦いのために戦いをし、戦争の火種をばらまき、人々を殺すのが大好きでした。

古代ギリシャ人は彼が好むような秩序のない戦争は野蛮視していたので、その崇拝や神殿もそれほど多くはなかったというわけです。

しかし……ギリシャ神話一「出世」した男

多くの神々や人間に嫌われているアレス――。しかし、主流ではないものの

＊58　多くの神話ではアフロディテの夫はアレスであり、実際の崇拝でも二人一緒に祀られていることが多い。しかし『イリアス』においては彼女の夫は鍛冶の神ヘファイストスで、アレスは浮気相手である。

＊59　アレスが裁判にかけられた場所は「アレイオス・パゴス（アレスの丘）」と呼ばれ、今もアテネで見ることができる。この時アレスはポセイドンの息子に自分の娘が犯されそうになったところを助けた、ということで正当防衛で無罪放免になった。

アレスは愛されていた、とわかるこんな古代の讃歌[*60]も存在します。

「いと力強き神アレス。黄金の兜いただき、戦車駆る神よ！

強き心持ち、楯をたずさえ、青銅の鎧まとい街護る神……。

疲れ知らざる無双の槍の使い手、

オリンポスの護りの胸壁よ！

高き所より我が生に光と武勇を注ぎたまえ！」

また、スパルタ市ではアレスの像に足枷をはめていましたが、これは「勝利をもたらしてくれる神アレス[*61]は、鎖にでもつないでおかないとすぐにどっか逃げて行ってしまう。アレス神がスパルタ以外に行かないように、こうするしかない！」という理由からでした。

このように、残虐で暴れん坊で嫌われ者のアレスも、時には勝利をもたらす神として人を助け、崇拝され、愛される場合[*62]もありました。

さらに古代ギリシャを飛び出して古代ローマにおいては、彼は一躍大人気の神へと変貌することになります。アレスは古代ローマの軍神マルスと同一視されますが、このマルスこそは、ローマ建国の祖ロムルスの父神だったからです。

＊60　『アレス讃歌』（沓掛訳）より一部抜粋。これは一般的な古代ギリシャの宗教・神話からは外れる『オルフェウス讃歌』の一部と考えられている。

＊61　アテナイ人も勝利の女神ニケに対して似たような行為をしている。というのもアテナイでは本来、翼があるはずの勝利の女神ニケの像に翼がなかった。これは「アテナイから勝利が飛んで行ってしまわないように！」という考えだった。

＊62　テゲアでは「女を喜ばせる神」（gynoikothoinas）という添え名で女性に崇拝を受けていた。またテーバイでは町の祖先をアレスだとしている。その他アテナイやアルゴスでも彼の神殿があり、崇拝を受けていた。

もっと知りたい
ギリシャ神話の謎

なぜギリシャの神々は ローマに入ると名前だけ変わるのか

ギリシャ神話の軍神「アレス」がローマに入ると見た目は同じで「マルス」に。これはなぜなのでしょうか。

この理由は、まず古代ギリシャ人が神を擬人化したのに対し、ローマ人は当初、「神は形を持たないもの（たとえば雷そのものなど）」と思っており、性格や姿を決めてはいなかったからです。

その後、ギリシャから文化を吸収した際に、同じポジションの神の姿かたちを借り、人の形を取らせました。そのため、「アレス」も「マルス」も見た目は同じ、というわけです。

ただし、光明神アポロンなど、ローマには同じポジションの神がいない場合は、そのまま直輸入しているため、「アポロン」はローマでも、「アポロ」なのです。

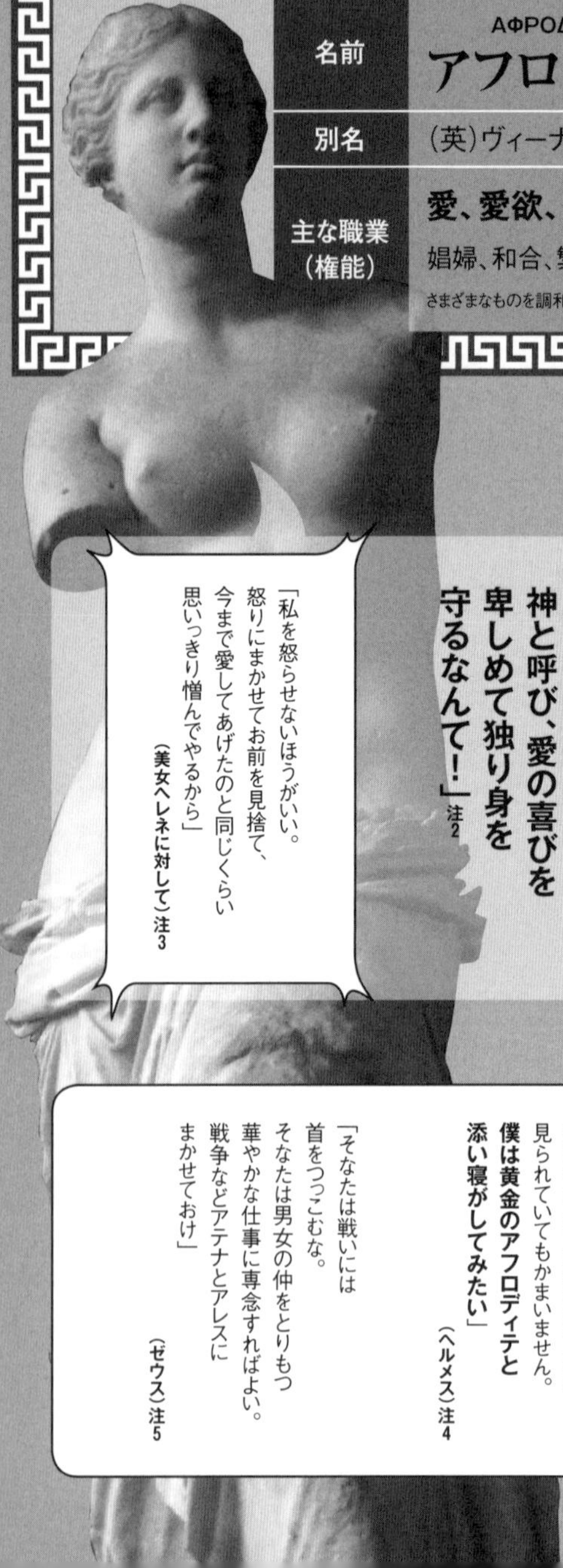

名前	ΑΦΡΟΔΙΤΗ **アフロディテ** 女性
別名	（英）ヴィーナス （羅）ウェヌス
主な職業 （権能）	**愛、愛欲、美、喜び、** 娼婦、和合、繁殖、豊穣、航海、戦注1 さまざまなものを調和させる女神

有名なセリフ

「この世に生を受けた人間のうち、卑しくもこの私に向かって思い上がった振る舞いをする者は、ことごとく打ち滅ぼしてやるわ。**私を最も忌まわしい神と呼び、愛の喜びを卑しめて独り身を守るなんて！**」注2

「私を怒らせないほうがいい。怒りにまかせてお前を見捨て、今まで愛してあげたのと同じくらい思いっきり憎んでやるから」

（美女ヘレネに対して）注3

周囲からの評価

「アフロディテと寝られたらどんなにいいでしょう。この3倍もの鎖の網で簀巻きにされ、男の神ばかりか女神たち皆に見られていてもかまいません。**僕は黄金のアフロディテと添い寝がしてみたい**」

（ヘルメス）注4

「そなたは戦いには首をつっこむな。そなたは男女の仲をとりもつ華やかな仕事に専念すればよい。戦争などアテナとアレスにまかせておけ」
（ゼウス）注5

世界最高のセックスシンボルであり続ける美の女神

「ヴィーナス」といえば誰もがわかる、世界で最も有名な美女。神々や人間、すべての生ける者に愛欲を抱かせて生殖に走らせる、万物を結びつける力を持つ女神。

ただし、3人の処女神（アテナ、アルテミス、ヘスティア）だけには愛の力を及ぼすことができない。

ギリシャの神々の崇拝が禁止される時代に入ると不埒な女神として特に攻撃されてしまったが、ボッティチェリ「ヴィーナスの誕生」や「ミロのヴィーナス」など、彼女を描いた芸術は数えきれないほどあり、今でも美しい人を「ヴィーナス」と呼ぶ。人類を何千年も魅了し続けてきた女神。

容姿

金髪の美女。きらびやかな宝飾品を身につけていたり、美しい裸体で表現される。

●「女神は春の花々で染めた衣をまとっていた。四季がもたらす花々、クロッカスやヒヤシンス、みずみずしいスミレ、神酒のように甘くかおる美しい薔薇……アフロディテはあらゆる季節の香りを染み込ませた衣を纏っていた」注6

●「アフロディテは不死なる頭に美しい黄金づくりの見事な細工した冠を載せ、穴うがった耳たぶには、真鍮と高価な黄金の花形の飾りをつけていた」注7

●「その愛らしい顔には常に微笑みをたたえたまいて、御顔は花のごとく麗しく輝きわたる」注8

シンボル、持ち物（見分け方）

魔法の帯（身につければどんな男性も誘惑できる代物）

翼のある少年神エロス（キューピッド）を伴っている、男根を手に持っている、ホタテの貝殻に乗っている、真珠、金星

【植物】リンゴ、ミルテ注9、薔薇、没薬、乳香、けし、レタス、ざくろ、アネモネ注10、スイセンノウ注11、ベルガモット、その他の花

【動物】ハト、ウサギ、スズメ、ツバメ、ウズラ、アリスイ、イルカ

【左】愛の勝利を男性に授けるアフロディテ　【右】ミロのヴィーナス

誕生日	聖日は月の4日
誕生地	キプロス島（付近の海）
家族構成	父／ウラノス（ウラノスの切断された男根が海に落ちて、精液が泡（アプロス）を含んで生まれたのが彼女である） 母／なし（ゼウス&ディオネが両親の場合もあり） 夫／ヘファイストス（もしくはアレス） 子供／多数
美称	**アフロゲネス（泡から産まれた君）**、エピストロピア（心変わりさせる君）、プシュテロス（ささやきかける君）、パラキュプトゥサ（流し目の君）、バイオティス（小さな耳の君）、カリピュゴス（美しいお尻の君）、カリドテス（喜びを与える君）、アンドロポノス（男を殺す君）、**アムボロゲラ（老いを遅らせる君）**、フィロメイデス（微笑みを喜ぶ君）　ほか
女性遍歴	―
男性遍歴	**・アポロン以外のオリンポスの男神と交わっている（アレス、ヘルメス、ディオニュソス、ヘファイストス、ゼウス、ポセイドン）。** ・人間の男子とも恋愛多数。 **・アドニス** 　美少年でペルセポネと取り合った。彼が殺された時に流した血からアネモネの花が、アフロディテが悲しみで流した涙から薔薇が生まれた**注12** ・アンキセス（→133ページ）　など

注1：スパルタ市では武装した戦の女神としても祀られている。　**注2**：エウリピデス『ヒュッポリトス』1行目以下　**注3**：ホメロス『イリアス』第3歌397以下断片　**注4**：ホメロス『オデュッセイア』第8歌340行目　**注5**：ホメロス『イリアス』第5歌428行目以下　**注6**：スタシノス『キュプリア』（沓掛良彦訳）　**注7**：『アフロディテ讃歌（讃歌第6番）』8行目以下　**注8**：『アフロディテ讃歌（讃歌第10番）』3行目以下　**注9**：ミルテは薫り高く、結婚や和合を象徴する植物だった。花嫁は初夜の時にこの花を身につけた。　**注10**：現在のアネモネの祖先であるハナイチゲ　**注11**：スイセンノウはアフロディテがヘファイストスと交わって、沐浴した場所に生えた。それゆえ、キュプロス島やレムノス島など、2人の崇拝地には美しいスイセンノウが咲くという。　**注12**：アポロドロス『ギリシャ神話』3巻183行目以下、オウィディウス『変身物語』10巻522行目以下、その他　**注13**：Hans Dieter Betz, *The Greek magical papyri in translation, including the demotic spells*, PGM IV. 2891.

神話上の主な経歴

誕生	農耕神クロノスが、父である天空の神ウラノスの男根を鎌で刈り取った。男根は海に放り投げられて、漂っているうちに白い泡（精液）が湧きたってそこからアフロディテが誕生。
成年期	**・ヘファイストスと結婚。しかしアレスとの浮気現場を現行犯で押さえられてさらし者にされる**（→116ページ）。 ・「天界で最も美しい女神ナンバーワン」コンテストで、ヘラ、アテナを下して勝利。これが後にトロイア戦争の原因に。
紀元前12世紀ごろ	**トロイア戦争** トロイア側で参加。軍神アレスをトロイア側に寝返らせたり、英雄ディオメデスに手を刺されたりする。トロイアが陥落した時は息子である英雄アイネイアスを逃がす。彼が後のローマの祖先になる。

※機織り勝負でアテナにボロ負けする、ピュティア競技祭の音楽勝負でヘルメスに勝つ、など。

主な崇拝地や特徴的な儀礼

キプロスのパポスのアフロディテ神殿

・パポスの神聖娼婦の儀式
パポスでは、女性は一生に一度、知らない男とセックスする義務があった。これは豊穣の女神の恩恵を男性に分け与えるためである。神殿に腰かけて、「アフロディテの御名において、僕とお相手いただきたい」とコインと共に初めて声を掛けてきた男性と性交しなければならないが、かわいくない子は声を掛けられずに何日も待ちぼうけだった。

・白い子羊を犠牲に捧げるのが好まれ、一般的に豚が嫌いだと認識されていた。

恋のおまじない

古代ギリシャにもおまじない（呪術）のたぐいがたくさんあったが、特に片思いの人にふり向いてもらうために愛の女神であるアフロディテの力を借りるものが多かった。たとえば……

・アフロディテの星（金星）への恋まじない
白いハトの血、質がよく未乾燥のミルラ（没薬）、あぶったニガヨモギを混ぜて丸い塊にし、ブドウの枝か、木炭の上に乗せ、金星に向けて供える。さらに愛の呪力を強めるためにハゲワシの脳みそも供えるとよい。その上で、雌ロバか黄土色の雌ウシの顎の骨から右上の歯を取り、自分の左腕に糸で結び身に付けよ。（そうすると意中の相手が振り向いてくれる）。**注13**

彼女と浮気できるならどうなってもいい！

「アフロディテを見て、どの男神も我が正妻に、と自分の家に伴い行くことを請い願った」。「彼女と浮気できるならどうなってもいい！」[*63]などと、常に神々に恋されていた愛（性愛）と美の女神アフロディテ（ヴィーナス）。

その性質のとおり、**彼女には非常に淫猥な印象がつきもの**です。ウラノスの切り取られた男根から産まれたという誕生の神話や、「男根を喜ぶアフロディテ」や、「上に跨るアフロディテ」などといった添え名。あるいは実際の彼女の神殿に住んでいた「神殿娼婦」たちの存在……、神殿に仕えて男性客を取る高級な娼婦たちです。彼女の神像には娼婦によって仕事道具（鏡や化粧道具から、言うにはばかられる性具まで）が捧げられていたし、単純にギリシャ語でセックスを「アフロディテのこと」とも言います。

しかし彼女は単に性的な要素の愛だけを支配する女神ではありません。たとえば、アフロディテはこんな風に言っています。

「聖なる天は大地を傷つけようと恋焦がれ、

＊63 アフロディテがアレスとの浮気現場を取り押さえられて網の中で裸でさらし者になった時、野次馬に押し寄せた男神たち曰く、
アポロン「なぁヘルメス。お前なら愛と美の女神アフロディテとセックスできるならあの網被ってもいいと思うよな？」
ヘルメス「当たり前ですとも！ この3倍の網で雁字搦めに亀甲縛りされてすべての女神たちに見下されようが、代われるものなら今すぐ変わりたいですね！」
こう言って2人は大笑いした。
（その後、本当にヘルメスはアフロディテと浮気した。）

憧れは大地を結婚へと動かす。

焦がれる天より雨が降り注げば、
孕んだ大地は穀物と家畜をはぐくむ。

……これらのことを手助けするのが、この私よ[*64]」

このように、**アフロディテは性愛以上に広い意味での和合、別々のものを結びつける力を持った女神**でした。

時代を越えて愛される愛の女神

アフロディテの力は逃れがたく強大でした。それは古代ギリシャの神話や歴史が恋愛話や性的な話に満ち満ちていることからもうかがえます。**「処女神以外は神々にしても死すべき人間にせよ、誰一人アフロディテの手を逃れることはできない」**し、アフロディテ本人も「私の誘惑と策略によって神々を一人残らず人間の女たちと交わらせた。あらゆる神々を私の意に従わせることができたのよ」と言っています。

*64 アイスキュロス『ダナオスの娘たち』断片。

一方で彼女ほど人間を長く魅了し続けた神はいません。西洋にキリスト教が広まり、ギリシャ神話の神々が排斥された時、アフロディテは「オリンポスの邪神の中で最もおぞましい大淫婦」「不埒な女どもやいまわしい者たちの母」という烙印を押されました。しかしその中にあっても、詩人たちは彼女を歌うことをやめなかったし、画家たちは彼女を描くことをやめませんでした。チョーサーは「天も地獄も地上も海の中にも、ヴィーナスの力は及んでいる」と歌っているし、ボッティチェリの『ヴィーナスの誕生』を知らない人はいないでしょう。そして古代ギリシャの美術の最高峰である彼女の像「ミロのヴィーナス」[*65]も。

たとえ一切のギリシャ神話を知らなくても、この像の美しさは2000年を隔てた我々の心にも刺さります。そして**愛に強大な力があることを誰もが知っています。**だからアフロディテはいつの時代も人を魅了してやみません。

古代から何千年と繰り返し彼女の魅力は語られてきていますが、最後は一番端的な古代ギリシャ人のこの言葉[*66]を引きましょう。

「何が人生か、何が喜びか。黄金のアフロディテがいなければ！」

＊65　ルーブル美術館の所蔵物の中でも人気者。

＊66　ミムネルモスの詩（紀元前7世紀）

コラム5
愛の女神の恋愛事情

アフロディテには数多くの恋愛譚がありますが、中でも人間の男アンキセスとの神話が有名です。(以下、『アフロディテ讃歌』より一部意訳)

アフロディテ女神は英雄アンキセスに恋して、地上の彼の家に突撃します。

しかしそのあまりの美しさに、彼の方はすぐに女神だと見抜きました。

「どちらの女神さまが私の家においでくださったのでしょうか。すぐに祭壇を設けてお祀りいたしますゆえ……」

「いいえ、私は神ではなく、死すべき人の身よ。あなたと夜を共にして、妻になりたいと思ってここに来たの」

女神が愛欲の念を彼に吹き込むと、たちまち彼は情愛にとらわれ曰く、

「女神とも見まがう女性よ、あなたを永遠に私の妻にできるのならば、私は死んでも構わない。今ここで愛の契りを遂げるまでは、神々であれ、人間であれ、誰にも邪魔はさせない……」

そのまま二人はベッドに入って愛の契りを交わしますが、翌朝、すっかり情愛も失せた女神は幸せにまどろむアンキセスを叩き起こして曰く、
アフロディテ「起きよ！　人間！　何をのんびり寝ているのか。さあ、この私が誰か、人間に見えるかどうか、とくと考えてみるがいい！」

アンキセスはベッドから速攻で飛び起きて、女神の真の姿を見て恐れおののき、

「女神様！　ですから最初にお会いした時に『女神様ですよね？』とお伺いしたじゃないですか！　あなた様が『いいえ人間です』と嘘を仰ったのです！」

「なんですって……？」

「ヒエーッ！　どうかお願いします！　私を去勢はなさらないでください！

不死なる女神と臥所を共にした男は精気を失う、と申します……どうかそれだけはご勘弁ください！」

「そんなことはしないわ。ただ私は人間の男なんかとセックスしたためにひどい悲しみに襲われているの。この私が、みじめな、口にするのも忌まわしい有様で正気を失い、死すべき人間ごときと交わって、帯の下に子を身ごもったなんて……」

「いや…あの……しかし、それは同意の上だったのでは……」

「口を慎しみなさい人間。この腹の子の母は誰か、と尋ねられても私の名を口にしないで。もしみだりに口外し、女神アフロディテと交わったなどと愚かにも吹聴したら……、どうなるかわかってるわよね？　それじゃあ、さようなら」

——今も昔も、愛は気まぐれです。*67

*67　ちなみにアンキセスはその後、酔った拍子に「いや〜実はおれアフロディテとヤっちゃったんだよね〜！」と自慢したため、神の怒りを買い、盲目にさせられた。

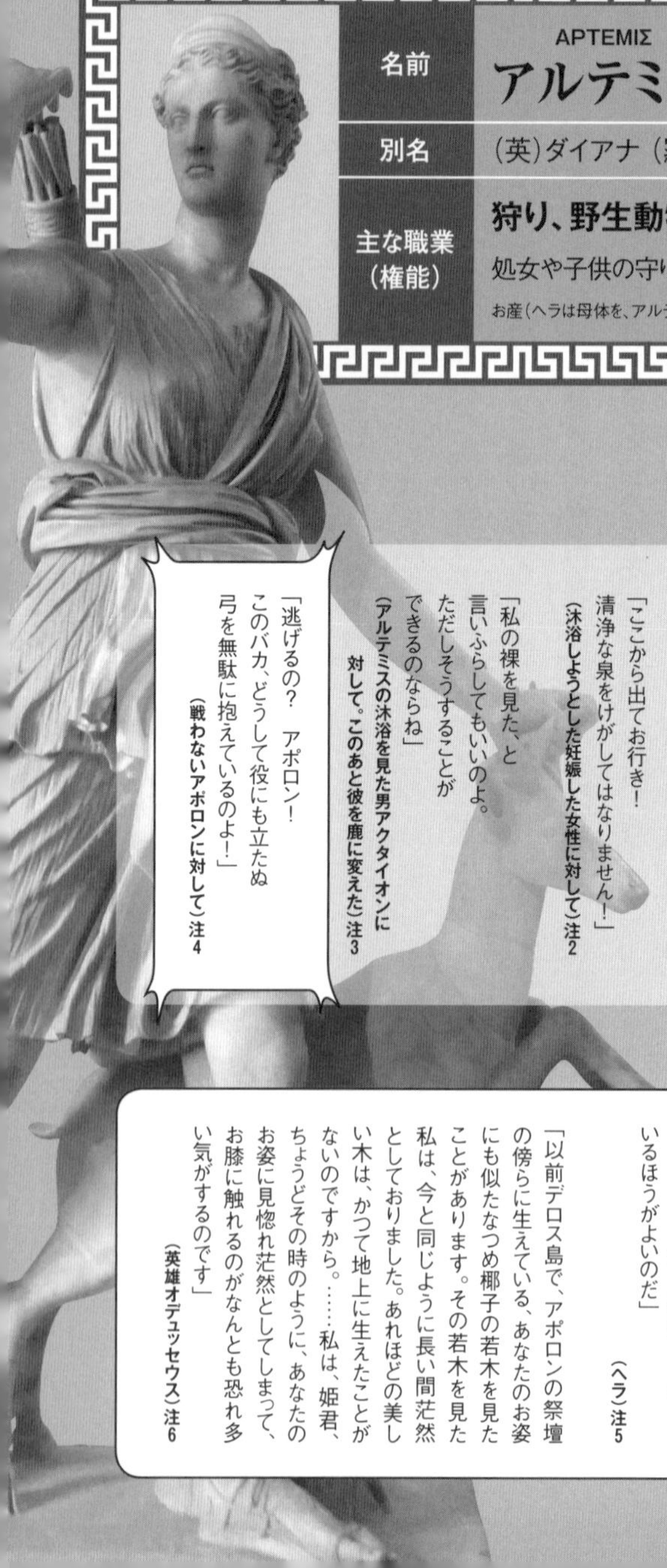

名前	ΑΡΤΕΜΙΣ **アルテミス**　女性
別名	(英)ダイアナ (羅)ディアナ
主な職業 (権能)	**狩り、野生動物、自然、弓矢、** 処女や子供の守り神(のちに月の女神) お産(ヘラは母体を、アルテミスは子供を守る)

有名なセリフ

「父ゼウスの頭にかけて誓うわ。**私は嫁ぐことなく永遠に処女の身で、人気のない山々の峰で獣を狩ることにします**」注1

「ここから出てお行き!
清浄な泉をけがしてはなりません!」
(沐浴しようとした妊娠した女性に対して)注2

「私の裸を見た、と
言いふらしてもいいのよ。
ただしそうすることが
できるのならね」
(アルテミスの沐浴を見た男アクタイオンに対して。このあと彼を鹿に変えた)注3

「逃げるの？　アポロン!
このバカ、どうして役にも立たぬ
弓を無駄に抱えているのよ!」
(戦わないアポロンに対して)注4

周囲からの評価

「そなたはいつも弓を携えているとはいえ、この私は力比べするには少々手怖い相手だよ。そなたは自分より強い相手と戦ったりするよりも、山中で獣や野鹿でも殺しているほうがよいのだ」
(ヘラ)注5

「以前デロス島で、アポロンの祭壇の傍らに生えている、あなたのお姿にも似たなつめ椰子の若木を見たことがあります。その若木を見た私は、今と同じように長い間茫然としておりました。あれほどの美しい木は、かつて地上に生えたことがないのですから。……私は、姫君、ちょうどその時のように、あなたのお姿に見惚れ茫然としてしまって、お膝に触れるのがなんとも恐れ多い気がするのです」

(英雄オデュッセウス)注6

月の女神――以前は童貞や処女の守護神にして死神

今では月の女神としてイメージされているが、当初は女子や童貞の子どもを守る処女神にして、女性の死を司る野山の女主人。お産で母体に苦痛のない死をもたらしてくれるのも彼女の力だった。

ギリシャ神話の中ではあまり重要な位置を占めてはいないが、それは古代ギリシャが成人男性中心の社会だったから。しかし女性や子どもなど社会の一員ではない人々を守護しており、女性に乱暴をしたり、野生動物を殺したりした時には男性社会に強い一撃を与えてくる女神でもあった。男嫌いで、アポロンの双子の姉。

容姿

背の高い金髪の若い処女神。弓矢を背負い死神である点は双子の弟のアポロンと同じ。

●「醜さとは縁なく、……目を奪うに足るほどに背高く、姿うるわしいアポロンの姉君、矢をそそぐ女神アルテミス」注7

●「(女神たちの中で)頭と額だけ他に抜きんでたアルテミスの姿はひときわ目立つ」注8

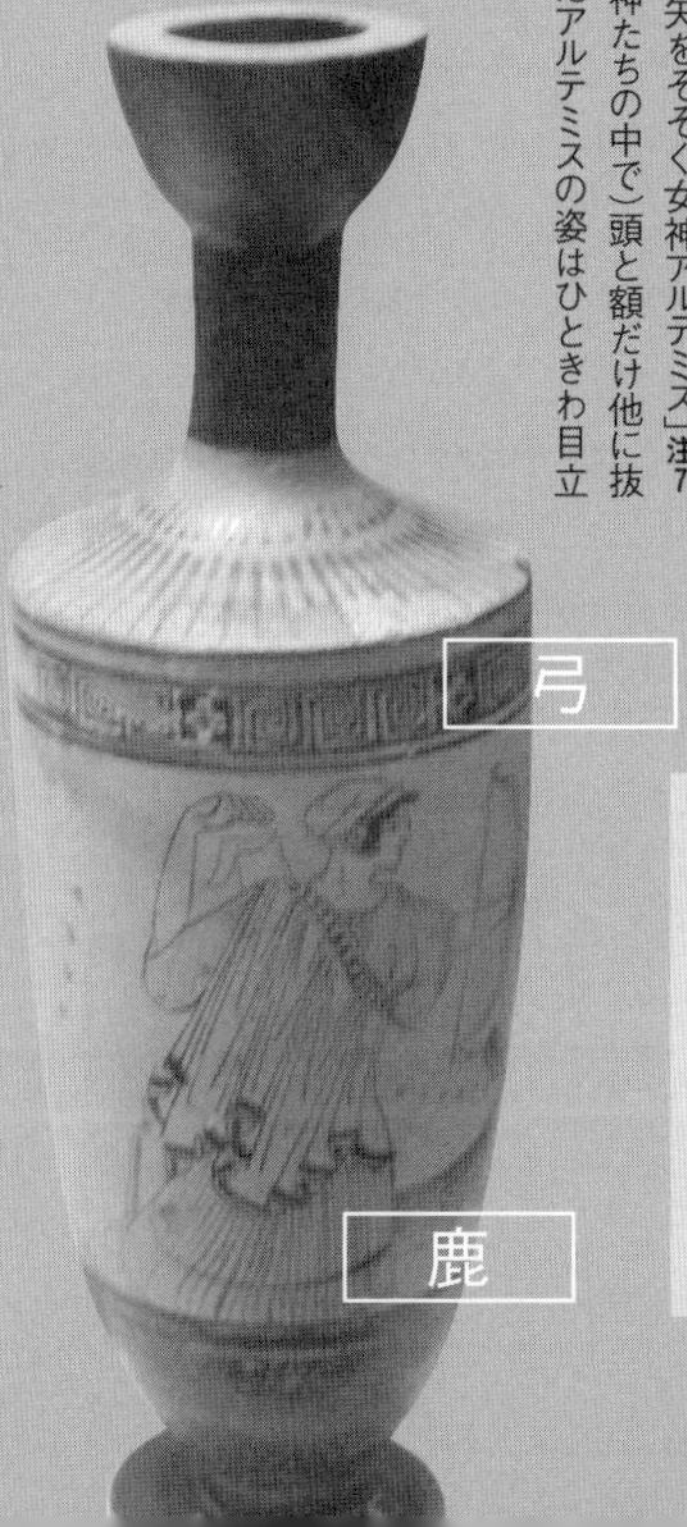

シンボル、持ち物
（見分け方）

黄金の弓矢、狩り用槍、ミニスカート(膝丈の服)、狩り用ブーツ、松明、毛皮、竪琴、(のちに月)

【動物】鹿、熊、イノシシ、ホロホロ鳥、ウズラ、魚

【植物】糸杉、クルミ、アマランス、シュロ(ヤシの木)、月桂樹

【左】狩りをするアルテミス　【右】アルテミスと雌鹿《めじか》

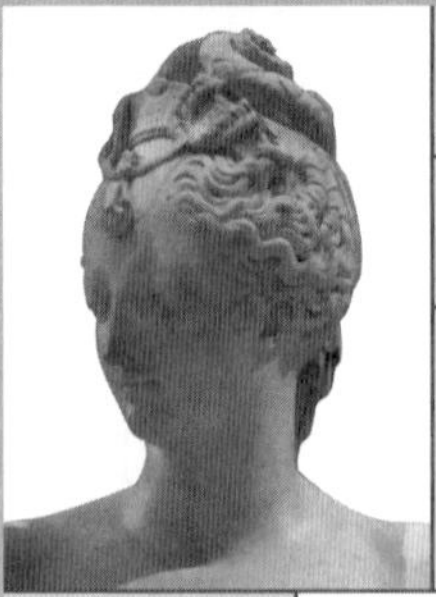

誕生日	タルゲリオン月の6日（アポロンの一日前）
誕生地	シチリアのオルテュギア島／デロス島
家族構成	父／ゼウス 母／レト 弟／アポロン（双子設定ではなく夫婦の場合もある）**注9**
美称	ヘカテーボロス（遠矢射る君）、**クリュセラカトス（金の矢そそぐ君）**、セラスフォロス（光明神）、フォロメイラクス（少女を愛する神）、オルシロキア（出産を助ける神）　ほか
女性遍歴	—
男性遍歴	**彼女は処女神。** ただし多少関わった男性は下記の2人など何人かいる。 **・オリオン** 狩人オリオンがアルテミスを犯そうとした、もしくは円盤投げで競技を挑んだため、女神により殺された。ローマのバージョンではアルテミスと恋仲になったオリオンにアポロンが嫉妬、もしくは自分の神殿でセックスしていたオリオンに激怒、一計を弄してアルテミスに殺させる。**注10** **・河神アルペイオス** アルテミスに恋していたが、口説いたり泣きついたりしたのでは永遠に結婚できそうにない、と思い犯そうとした。が、アルテミスは取り巻きのニンフたちと共に顔に泥を塗って見分けがつかないようにした。河神はどれがアルテミスかわからずに逃げ帰った。しかしオリンピアではアルテミスはアルペイオスと共に祀られている。**注11**

注1：アルカイオス『アルテミス讃歌』断片　**注2**：オウィディウス『変身物語』第2巻463行目以下　**注3**：オウィディウス『変身物語』第3巻138行目以下　**注4**：ホメロス『イリアス』第21歌470行目以下　**注5**：このあと、アルテミスはヘラにボコボコにビンタされて、泣きながら戦場を離れると、父ゼウスの膝の上に乗って慰めてもらう。　ホメロス『イリアス』第21歌479行目以下　**注6**：これは実際には英雄オデュッセウスが人間の乙女ナウシカアにかけた言葉。彼女を女神アルテミスに例えている。ホメロス『オデュッセイア』第6巻149行目以下　**注7**：『ホメーロスの諸神讃歌』「アポローン讃歌（讃歌第3番）」197行目以下　**注8**：ホメロス『オデュッセイア』第6巻102行目以下　**注9**：エウスタティウスによる『イリアス』への古註　**注10**：ホメロス『オデュッセイア』第5巻119行目以下、Pseudo-Hyginus, *Astronomica* 2. 26、その他　**注11**：パウサニアス『ギリシア記』第6巻22章8節　**注12**：アルテミスが弱い女神として書かれるのは、この神話（『イリアス』中）が成立した時には、まだアルテミスの崇拝が大きなものではなかったからだと考えられている。

神話上の主な経歴

誕生	母レトはヘラの嫉妬によりお産をする場所を提供してもらえず、地上をさまよったが、当時まだ浮き島だったシチリアのオルュテギア島でアルテミスを産んだ。
誕生の翌日	究極の難産だった母レトのアポロン出産を助ける。
3歳	父ゼウスに大量のおねだりをして冒険の旅へ。(→140ページ)
成年期	・人間の女ニオベに母神レトを侮辱され(「私は子どもを12人産んだけど、レトはアポロンとアルテミスのたった2人しか生まなかったわ」と言った)、弟アポロンと共にニオベの子ども12人を殺戮する。
紀元前12世紀ごろ	**トロイア戦争** アポロンと共にトロイア側で参加。ヘラにビンタをされて泣きながら逃げる。**注12**

主な崇拝地や特徴的な儀礼

アルテミスの神殿は自然の森と町の境界線上に置かれることが多い(そこから先はアルテミスの領域、の意)。

・誕生日ケーキの元祖
アルテミスは出産の女神なので、誕生日には感謝を込めてロウソクで囲んだケーキを神殿にお供えする。(つまり今と違って自分のためにケーキを用意するわけではない)

・ブラウロニアの「熊の巫女」
5〜10歳までの初潮前の女子が「熊」と呼ばれる巫女としてアルテミスに仕える。黄色の衣を着て踊り、競技をしたり供物を作る。

・人身御供
古い時代にはアルテミスに対する人身御供があったが、後に名残として残った。たとえば男性の喉に剣を突き付けて死なない程度に血を出す儀式など。

大量の乳房を持つエフェソスのアルテミス像。

エフェソスのアルテミス大神殿

アルテミスはギリシャでは処女神だが、トルコのエフェソスでは乳房が大量にある豊穣の女神として祀られている。このように、地域ごとに神々の性質は180度変わることがある。

アルテミスの10個のお願い

「金の矢そそぐアルテミス、銀の弓持つアポロン」——と表されるように、ア**ポロンとセットの双子神にして、アポロンより一日早く生まれた双子の姉アルテミス。**[*68] **アポロンもわりとわがまま放題生きているほうですが、姉としてその上を行く**のがまさに彼女でした。

ある時、父であるゼウスが3歳になるアルテミスを膝の上に乗せてこう言います。

「おお、ワシのかわいいアルテミス！　何か欲しいものはあるか？　何でも買ってあげちゃうぞ」

それにアルテミスが答えて曰く（以下カリマコスの詩より意訳）、

アルテミス「お父様、私の要求はこうよ。

1．まず、永遠に処女でいたいわ

2．弟のアポロン以上のたくさんの名前（美称）が欲しいわ

＊68　お産の女神でもあるアルテミスは、産まれてすぐに母レトの出産を手伝い、双子の弟であるアポロンを取りあげた。母レトは究極の難産でアポロンはなかなか産まれなかったため、アルテミスの誕生日とアポロンの誕生日は双子でありながら1日ずれている。

デロス島のシュロの木につかまってアポロンを出産しようとする女神レト。正面でアルテミスが弟の誕生を見守っている。

3.それとアポロンと同じような弓矢も欲しい
4.アポロンと同じくらい、光をもたらす神になりたいわ
5.すそに刺繍のあるミニスカートを履きたいの
6.野生の獣を狩る権利をちょうだい
7.それと私のために踊ってくれる60人の女子が欲しいわ、全員9歳でもちろん処女のね
8.あと侍女も20人必要よ。狩りに出かけない時に私のブーツの手入れや猟犬の世話をしてもらわないといけないもの
9.それとギリシャの山を全部ちょうだい
10.最後にお父様のおすすめの都市をひとつちょうだい。ほとんど山で暮らすし、お産する女子に助けを求められた時にしか街にはおりないつもりだけど」

——普通の親なら、「ひとつだけにしなさい」と諭すところですが、これを聞いたゼウスは笑って曰く、

ゼウス「お前はなんてかわいいんだ！　もちろんＯＫ！　全部やる！　都市はひとつだけでいいなんてそんな遠慮しなくていいぞ。ひとつと言わず30の都市と30の塔をお前にやる！　それと山だけじゃなくて道路と港の守護の役もそなたに授けるぞ！」

――そんな子供のしつけ方したら後悔するぞゼウス！　と言いたいところですが、森や動物や狩り、子供やお産の守護神にして処女神、そしてギリシャ神話きってのおてんば娘・アルテミスの冒険譚はこうして幕を開けたのでした。

アルテミスの大冒険

アルテミスは早速20人の侍女と60人の合唱団の少女を選ぶと、鍛冶の神ヘファイストスの鍛冶場へと向かいました。そこでは職人であるキュクロプス（ひとつ目の巨人族）たちがポセイドンの馬のために新しい飼い葉桶を作っているところでした。
アルテミス「お前たちの主の鍛冶の神へファイストスは、私の誕生祝いに好きな物を作ってくれると言ってくれたわ。すぐに作ってほしい物があるの」
かわいらしいアルテミスが汗臭い男たちの鍛冶場にやって来たことでキュクロプスたちは沸き立ち、その中の一人が彼女をあやそうと自分の膝の上に乗せます。——するとアルテミスは処女神として[*69]男の抱擁に激怒、その男の胸毛をブチブチとむしり取ってさらに重ねて曰く、
アルテミス「いいこと！　飼い葉桶なんてつまんない物作ってる場合じゃないの！　今すぐ私のために弓矢と矢筒を作ってちょうだい！　アポロンと同じようなやつよ！」
わがまま放題で、速攻で弓矢を手に入れたアルテミスは上機嫌で野山にかけ戻り、続いて猟犬を従え、さらに角のあるメスの鹿たちを捕まえて戦車に括りつけてギリシャ中をひとしきり大暴れしてきたあと、ようやくオリンポスへと帰還しました。
館へ入るとすべての神々が「俺の隣の席座りなよ！」「こっち座りなよ！」

＊69　彼の名はブロンテス。死ぬまでその部分の胸毛がハゲていた。この神話の意味についてはよくわかっていない。これを語っているカリマコスがふざけて入れた可能性もある。

と席を薦めてきましたが、アルテミスは当然のように双子のアポロンの一番傍の席に腰を下ろしました。

アポロンからしたら「おてんばもいい加減にしてくれ……」という感じかもしれません。

アルテミスの光はアポロンより弱いのか

男性中心の古代ギリシャ社会で、アルテミスはあまり重要な位置を占める神格ではありません。

彼女は処女神ですが、アテナと違って男性を益することはほとんどありません。彼女は幼児や少女や、童貞の少年、つまり「(古代ギリシャでは)正式な社会の一員ではない」人々の守護神であり、文明社会とは距離を置いた未開や野生の神なのです。

だからこそ**彼女の神殿は、よく人間の住む町と未開の自然との境界**に置かれます。「ここから先はアルテミスの領域で人間の住むところではない」と示す

＊70 「レト女神には子どもがアポロンとアルテミスのたった2人しかいないのね、私には自慢の子どもが12人もいるわ」と豪語した人間の女ニオベを子どももろとも全員殺した。そして男性の突然死はアポロンに、女性の突然死はアルテミスに矢を射られたからだ、と古代ギリシャでは考えられた。

アルテミスの家族の肖像。母レト(中央)、弟アポロン(左)、姉アルテミス(右)。

ためです。そして森の動物や乙女の処女など、彼女の領域に属するものを男が奪い取ると容赦ない反撃をしてくる神でもありました。

また、アルテミスは「アポロンの双子の姉」[*70]とか、「アポロンとアルテミス」とか、アポロン中心に語られることが多いですが、元々はアポロンよりも強大で古い神格でした（だからこそ神話でもアルテミスが早く産まれています。アルテミスが野性と女性を象徴しているのに対し、アポロンは文明と男性を象徴しますが、もちろん自然より先に文明が生まれるわけはありません）。時代が下るごとに立場が逆転してしまいますが、アポロンの誕生地の聖地として有名なデロス島も、元々はアルテミスの聖地でした。そして古代世界で最も巨大で最も壮麗なエフェソスの神殿[*71]もまた、アルテミスのものだったのです。

今では「月の女神」として「太陽の神」のアポロンの添え物のように語られてしまいますが、これも後代に付け加えられた神話です。**アルテミスはアポロンの光で輝いているような神ではなく、アポロンよりも弱い光の神でもありません。**「金の矢そそぐアルテミス、銀の弓持つアポロン」に表されるように、アポロンより先んじる偉大な神だったのです。

＊71　エフェソスのアルテミス大神殿は世界七不思議のひとつ。この神殿はアレクサンドロス大王の誕生日の同日に放火で焼失してしまったので、「アルテミスはお産の女神として大王を取り上げるのに必死だっただろうから、己の神殿を火事から救えないのも無理ないっすよ！」と古代人にフォローされていた。

名前	ΕΡΜΗΣ **ヘルメス**　男性
別名	(英)マーキュリー (羅)メルクリウス
主な職業(権能)	**伝令、旅人、交渉、発明**注1**、富、幸運、**商売、賭博、牧畜、占術、詐欺、冥界の先導、魔術(のちに錬金術)、盗賊の守護者…etc

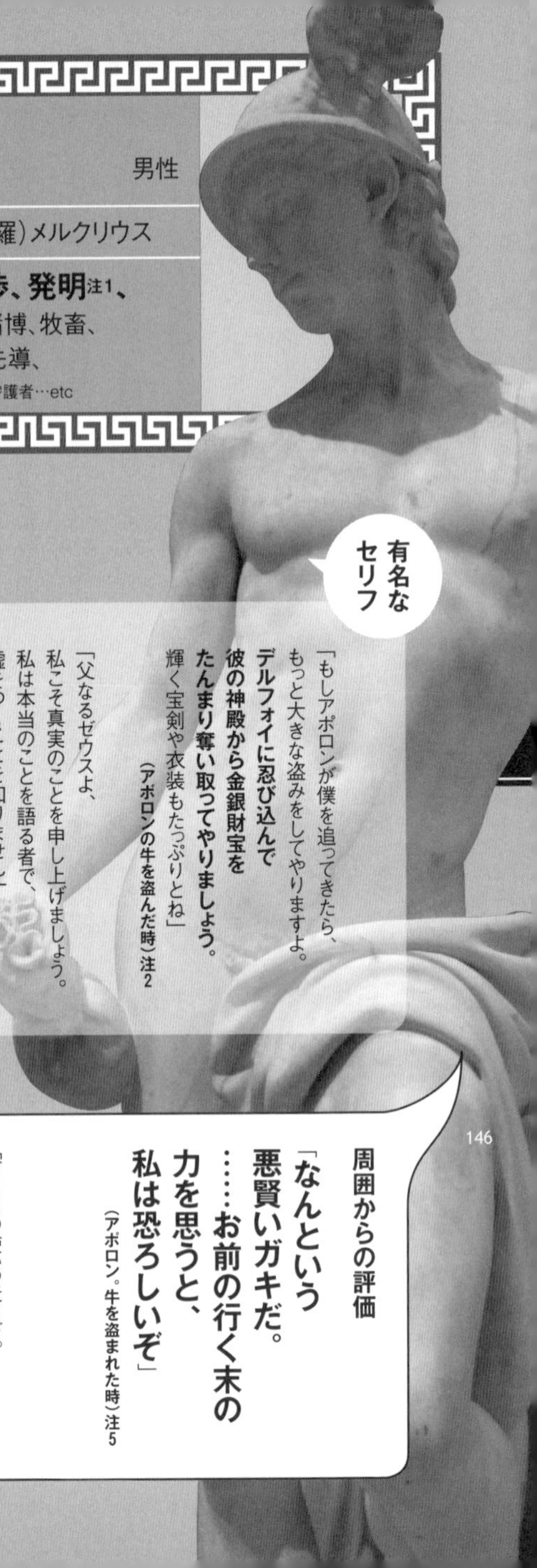

有名なセリフ

「もしアポロンが僕を追ってきたら、もっと大きな盗みをしてやりますよ。**デルフォイに忍び込んで彼の神殿から金銀財宝をたんまり奪い取ってやりましょう。**輝く宝剣や衣装もたっぷりとね」

(アポロンの牛を盗んだ時)注2

「父なるゼウスよ、私こそ真実のことを申し上げましょう。私は本当のことを語る者で、嘘をつくことを知りません」

(この言葉がすでに嘘)注3

「私は、父ゼウスの命令を携えて空を行く者。……しかし今はそうではなくて、私の目的は彼女だ。私は彼女に恋している。どうかお力添えをいただきたい」

(ヘルセの姉に対して)注4

周囲からの評価

「なんという悪賢いガキだ。……お前の行く末の力を思うと、私は恐ろしいぞ」

(アポロン。牛を盗まれた時)注5

「ゼウスの使いっ走りが。神々の下僕に似つかわしくも、偉そうな、もったいぶったお言葉を吐くのだな、ヘルメスよ。お前は子どもか、それ以上に弁えのない男だぞ。この私から何か聞き出せると期待しているのならばな」

(神プロメテウス。ヘルメスとの舌戦の時)注6

貴族の前では「忠実な伝令」、庶民の間では「詐欺と盗賊」の神

「庶民」の理想像。ゆえに古代ギリシャの貴族層と庶民層では彼のイメージはまるで違う。

貴族層は大人しい便利屋のような伝令のヘルメスをイメージしているが、庶民の間ではお貴族様を手玉にとる商売人、ずる賢い詐欺師、盗賊の神だった。

「ケリュケス（伝令）の杖」の意。使者がもつ杖で、ヘルメスのものは天界から冥界まで自由に行き来することができた。ちなみに後の時代には錬金術のシンボルとなる。

容姿

伝令の格好をした若い金髪の少年。

見た目は神々のうちで最も若い。ただしひげ面のおっさんで描かれる時もある。

●「輝くばかりの美少年……彼は裸身に纏わせたマントを左肩にかけ上げて、その金髪はすべての者の目を奪った」注7

●「ヘルメスは変装もせずに地上に降り立った。自分の姿かたちに、それほどまでの自信があったのだ」注8

シンボル、持ち物（見分け方）

伝令杖（ケリュケスの杖／ケリュケイオン。2匹の蛇が絡まった杖）、翼のあるサンダル、旅人の帽子（ときに有翼）、ヒツジを背負っている。旅行用の短いマント財布、シュリンクス（笛）、数字の「4」注9、水星

【動物】カメ、ツル、タカ、野ウサギ、ヤギ、ヒツジ、雄鶏

【植物】クロッカス（サフラン）、木イチゴ、イチジク、クルミ、キュウリ

【左】馬車を先導するヘルメス　【右】財布を持つヘルメス像

誕生日	月の4日（アルゴス市では4番目の月がヘルメス月である）
誕生地	アルカディアのキュレネ山
家族構成	父／ゼウス 母／マイア 妻／なし（だが、説得の女神ペイトと結婚した説もあり**注10**） 有名な息子／牧神パン
美称	**アルゲイフォンテス（アルゴスの殺し手）、プシューコポンポス（魂の導き手）**、ディアクトロス（伝令神）、クリュソッラピス（黄金の杖持つ君）、ポネオメオス（せわしない者）、メカニオテス（詐欺師）、アルコス・フェレテオン（盗賊の頭）　など
女性遍歴	**無数** ・キオネ（アポロンと同時に恋したため、最終的に3Pした）**注11** ・ヘルセ（彼女の姉に「妹さんとつき合わせてください!」とお願いしに行ったら大量の金品を要求されたり、家から締め出されたりの妨害を受けたため殺す）**注12** ・パライストラ（ヘルメスは彼女から現代でいうところのアイデア泥棒をしたため、彼女の兄弟にバラバラにされてキュレネ山から突き落とされた。この時の姿が「ヘルメス柱」（下記）として至るところに祀られている、という縁起譚あり）**注13** ほか、アフロディテなど多数。
男性遍歴	・クロコス（ヘルメスが投げた円盤が当たって死んだ。ヘルメスは嘆き悲しんで、彼を花（クロッカス≒サフラン）に変える）**注14** ほか多数。

主な崇拝地や特徴的な儀礼

ヘルメスには大きな神殿はないが、洞窟の中、市場、運動場、辻道、家の中などで祀られている。崇拝者は庶民が多い。蜂蜜、ケーキ、イチジク、豚、ヤギなどが捧げられる。道では「ヘルメス柱」という旅人を守護するヘルメスが地蔵のように置かれている。**注15**

・お手軽ヘルメス占い

ヘルメス像に硬貨を一枚供え、神に聞きたいことをつぶやく。そのまま耳をふさいで町の広場まで出て、最初に聞こえた言葉がヘルメスからの質問の答えである。アポロンの神託（68ページ）と比べて極めてお手軽な庶民的な占い。**注16**

・古代アテナイ市のお盆にあたるアンテステリア祭の3日目には、死者を導く神であるヘルメス以外のオリンポスの神に供犠をすることが禁止される。

神話上の主な経歴

幼児期	・**生まれた日の夜にアポロンの牛を50頭盗む**。その後アポロンの親友になる（150ページ）。
少年期	・ゼウスの命で百眼の怪獣アルゴスを謀殺する（ここから「アルゴス殺し」の異名がつく）。 ・生まれたばかりのディオニュソスをヘラから守るために隠す。注17 ・息子の牧神パンが生まれる。彼は半人半獣のコミカルな姿だったので、ヘルメスは「見て見て僕の息子マジおもしろいでしょう!」と神々に見せて回り、皆を喜ばせた。特におもしろいもの好きなディオニュソスが喜んだため、彼とよく一緒にいる。 ・ゼウスが怪物テュフォンに敗北して腱を切られた時、その腱を盗み返してゼウスを助けた。 ・青銅の甕の中に13カ月間閉じ込められていたアレスを助ける。
紀元前12世紀ごろ	**トロイア戦争** ギリシャ側につく。しかしレト（アポロンとアルテミスの母）と相対した時は彼女を尊重して引き下がった。

※ゼウスの命による英雄の保護なども。

注1：数、さいころ、度量衡、交易など。（ディオドロス『神代地誌』第5巻75章2節）　**注2**：『ホメーロスの諸神讃歌』「ヘルメース讃歌（讃歌第四番）」176行目以下　**注3**：『ホメーロスの諸神讃歌』「ヘルメース讃歌（讃歌第四番）」368行目以下　**注4**：オウィディウス『変身物語』第2巻744行目以下　**注5**：『ホメーロスの諸神讃歌』「ヘルメース讃歌（讃歌第四番）」405行目以下　**注6**：アイスキュロス『縛られたプロメテウス』940目以降　**注7**：Apuleius, *The Golden Ass* 10. 30 ff　**注8**：オウィディウス『変身物語』第2巻728行目以下　**注9**：4は古代ギリシャでは縁起のよい数字。　**注10**：Nonnus, *Dionysiaca* 8. 220 ff　**注11**：ヒュギーヌス『ギリシャ神話集』201節　**注12**：オウィディウス『変身物語』第2巻707行目以下　**注13**：*Servius on Aeneid*, 8. 138.　**注14**：Galenus, *De constitutione artis medicae*, 9. 4.　**注16**：パウサニアス『ギリシア記』第7巻22章2節以下

▶**注15**：ヘルメス柱。これは古代ギリシャにおけるお地蔵さん的存在で、道端によく置かれている。四角い石にひげ面のヘルメスの頭部、勃起した男根がついているもの。

◀**注17**：ディオニュソスをあやすヘルメス像。

真実vs詐欺、叡智vs狡知

ある時、ギリシャ神話史上まれに見る巨額の窃盗事件が起きました。

アポロン「あれ……いない！　いないぞ！　私が飼っていたかわいい牛50頭がいない！　盗まれた！」

光明神アポロンが地上で飼っていた牛50頭もが丸々盗まれたのでした。アポロンは当然激怒、すぐに盗人を追跡すべく足跡をたどろうとした——が、不思議なことに地面に牛が歩いた足跡はついていませんでした。

アポロン「どこのどいつだ、真実を見透かすこの私の目を欺《あざむ》こうとしている者は……。そんな能力を持つ神は聞いたことがないぞ！　必ず見つけ出して生まれてきたことを後悔させてやるわ！」

この犯人こそ、今日産まれたばかりの詐欺や窃盗、商売その他を司る庶民の味方、伝令神ヘルメスでした。*72

さて、ヘルメスはいかにして牛の足跡を消したのか？　それは即興で編んだ大きな草鞋を牛に履かせて、地面に牛と判別できる足跡が残らないように細工

*72　ヘルメスの誕生日は月の4日。4はヘルメスに関わる数で、古代ギリシャではラッキーナンバーである。
アポロンvsヘルメスは、真実の神vs詐欺の神、叡智の神vs狡知の神、貴族代表の神vs庶民代表の神。という構図でもある。

した、というからくりでした。彼は発明の神[*73]でもあり、産まれたばかりの乳幼児の状態でもすでにその才能を発揮したのです。

ヘルメスのこの偽装にアポロンはまんまと引っかかり、西はギリシャ西端のピュロス、東はボイオティアまで300キロを当てもなく探し歩く羽目になったのでした。

アポロンがギリシャ中をうろうろしているうちに、ヘルメスは盗んだ牛50頭を全部バラして証拠を隠滅。夜が明ける前に母の館に戻り、自分の部屋の外鍵を開けることなくゆりかごの中へ滑り込みました……さも一晩中そこで寝ていたかのように。こうして密室と共に完全なアリバイを作り上げたのでした。

完全犯罪を成し遂げたあとに、なんか息子が隠れて悪いことをしていると察した母マイアに心配の声をかけられると、曰く、

ヘルメス「ご心配はいりません、母上。見ていてください。必ずや僕はアポロンと同じ程度の崇拝を受ける神になってみせます。あんな風に豊かで、お金持ちで、肥沃な大地を所有できるような神に。だって神々の中で僕たちだけが供物も受けず、こんなしみったれた洞窟[*74]の中の館で過ごすなんておかしいです

*73　ヘルメスが発明したものには、竪琴、アルファベット、数、さいころ、度量衡などがある。

*74　ヘルメスが生まれたキュレネ山の洞窟は、アルカディアにあった。アルカディアは高い山々に囲まれた田舎だった。

から。……もしアポロンが僕を追ってきたら……、まあそんなことはできるはずもないですけど……、そしたらもっと大きな窃盗をしてやります。彼の神殿に忍び込んで金銀財宝も武器や衣装も全部盗んできてみせますよ」

しかし、ヘルメスはひとつ誤算がありました——それは相手が予言と占術の神アポロンだった、ということです。何の物証も上げられずにいたアポロンでしたが、ある時に空を飛ぶ鳥を見て（鳥占いといって鳥の飛び方を見て吉兆を占う方法）、直感で犯人がヘルメスだ、と悟ります。

アポロン「占いによって私は直観した………犯人はヘルメスだと！　わが占術の前では小細工など無意味よ！」

そのままヘルメスの住む館まで駆けつけて曰く、

アポロン「見つけた！　おい！　そこのゆりかごの中で眠っている子供！　私の牛をどうしたのかさっさと言え！　返答次第では貴様を冥界の奥底に送り込んでやる！」

ヘルメス絶体絶命のピンチ……しかし、ここからが詐欺と雄弁の神の本領発揮です。

ヘルメス「……アポロン様。僕はご覧のとおり、さっき産まれたばかりの乳幼児なのですが。その僕が、あなたの牛をハイハイで盗みに行ったとでも言うんですか？　ご自分がどれだけ馬鹿げたことを仰っているかわかっていますか？」

「私は真実を述べ伝える神だ。私が牛泥棒の犯人はお前だ、と言ったらそれがまぎれもない真実だ」

「あなたはご自分が正しければ僕みたいな乳幼児を虐待してもいい、とお考えなのですね？」

「お前が牛を盗んだというのは事実だろうが」

「神々のうちで最も気性が荒い神よ、落ち着いてください。これは幼児虐待です」

——真実に対し詭弁で対抗してくるヘルメスに業を煮やしたアポロンは、アポロン「ええい黙れ、ずるがしこいガキが。私と共に来い！」

こう言うとヘルメスをゆりかごの中からつまみ上げましたが、ヘルメスはすかさずアポロンにくしゃみとオナラを引っかけます。*75

*75　相手にくしゃみとオナラを引っかけられることは「汚い」というより呪術的な意味がある。たとえば古代ギリシャ人は不吉なものを見ると唾を自分の胸に3回吐きかける。

あまりのことに思わずアポロンがヘルメスを地面に落とすと、そのすきにヘルメスが逃げて……という攻防を繰り返しているうちに、ついにヘルメスはアポロンの腕に捉えられてしまいます。その力なさを鼻で笑うアポロンに対し、ヘルメスはさらに別の手段に打って出ます。

ヘルメス「あなたを訴えます。さあゼウス様の法廷に参りましょう。アポロンよ、あなたがどうしても僕に罪を擦りつけたいなら、そこで僕とあなたどちらが正しいことを言っているか判断してもらいましょう」

2人は喧嘩しながらオリンポスのゼウスの館に出向くと、父神の前でまったく別の事実を証言します。アポロンは真実を述べ伝える神として、ただただ自分が見てきた真実を語ります。しかしヘルメスは、自分が脅迫されたこと、アポロンは何の物証もなく自分を犯人に仕立て上げようとしていることを語ります。そして最後に「神々よ、僕はアポロンと違って力のない生まれたての神です……どうか、どうか年下の僕の味方をしてくださいますように……」と悲しげな流し目で芝居すら打ったのです。

この2人の子供じみた喧嘩を見たゼウスは死ぬほど大笑いして曰く、

ゼウス「傑作！　ワシの息子2人おもしろい！……2人とも、つまらない喧嘩はやめよ。アポロンは年下の者に対して乱暴はしないこと。ヘルメスは盗んだ牛のありかをアポロンに教えるように」

と、どちらも罰せず笑い泣きしながら仲裁をはかったのです。なおもアポロンは不満そうでしたが、ヘルメスが自分の牛を全頭屠《ほふ》ったことを知ると再び怒り出しました。

しかしその時、牛の腸と亀の甲羅で作られた見たこともない楽器[*76]が彼の目に留まります。

アポロン「おい、これは何だ？　見たことのない形の楽器だが……」

ヘルメス「これは『竪琴』といって、僕が昨日発明した物です。一曲聞かせて差し上げましょう」

そう言うと彼は竪琴をかき鳴らし歌いました。たちまち聞いたこともない甘美な響きが、アポロンの胸の底をゆすぶりました。

アポロン「――驚いたぞ、ヘルメスよ。音楽を司るこの私でさえ、かつてこれほどまでに心奪われた歌はない。なんという美しい音なのだ。抗いようのな

＊76　古代ギリシャの竪琴。亀の甲羅に牛の腸弦を張っている。ちなみに、最初にヘルメスが作った竪琴は4本弦で、後にアポロンがそれを7弦にした、という神話もある（4はヘルメスの聖数、7はアポロンの聖数である）。

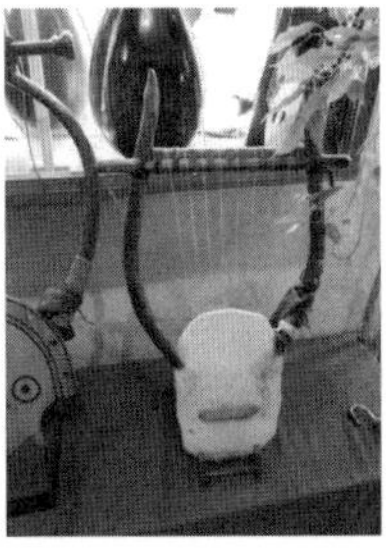

い憂いを払う、なんという美しい歌なのだ！　もう牛なんかどうでもいい。全部お前にやる！　その代わりその楽器をこのアポロンに譲ってはくれないか。何頭もの牛より、はるかにお前の力は価値がある！」

ヘルメス「僕の才能を認めてくれたのはあなたが初めてです……友よ！」

あれだけ喧嘩してた2人が、半日後には仲よく竪琴かかえてオリンポスに戻ってきたのを見て、ゼウスはさらに大笑いして、2人に親友の契りを交わさせたのでした。[*77]

なぜ伝令神が盗人の神も兼任しているのか

以上が『ヘルメス讃歌』に語られている神話です。ここで気づくのは、貴族的で力（権力）の強いアポロンに対して、ヘルメスはずる賢さと技術で対等に渡り合っている、ということです。

ヘルメスは古代ギリシャの庶民の理想を体現する神でした。そのため、伝令（偉い人に従う）、旅人、交渉、発明、富、幸運[*78]、商売、盗み[*79]、賭博、狡知《こうち》、牧

＊77　竪琴を持つアポロン。手前にヘルメス。

＊78　古代ギリシャでは道に落ちているサイフや金品はヘルメス神からの恵みだと考えられた。そのため拾得物のことを「ヘルマイオン（ヘルメスのもの）」という。

＊79　古代ギリシャでは田舎で牛を盗むことは罪ではなく、むしろ手柄だと考えられることが多かった。

畜、運動競技、冥界の先導、魔術、教育など庶民に必要な職能を持っています。

しかし現存するギリシャ神話の多くは貴族層の語ったもので、その中でのヘルメスはもっぱら「伝令神」としてゼウスや他の神に従順に従う姿で表されています。貴族層にとって庶民は黙って従ってほしい脇役で、物語の主役ではないからです。

しかし、この『ヘルメス讃歌』では庶民の語る生き生きとしたヘルメスの姿が描かれています。彼は決して**貴族的なアポロンには従わず、力（権力）では劣っても機転で対等に渡り合っています。そして今ではアポロンの象徴である竪琴や音楽は、元々は我々庶民が発明したものなのだ、と雄弁に語ってみせています。**これこそが、古代ギリシャの庶民の理想の姿であるヘルメスだったのです。*80

＊80　伝令神はヘルメスの他にイリス（虹の女神）がいるが、彼女はヘルメスと違ってより貴族色の強い伝令神で、庶民的な権能は持っていない。特に女神ヘラに仕えており、最高神ゼウスとヘラの夫婦のベッドを整えるのも彼女の役割である。

伝令神イリス。

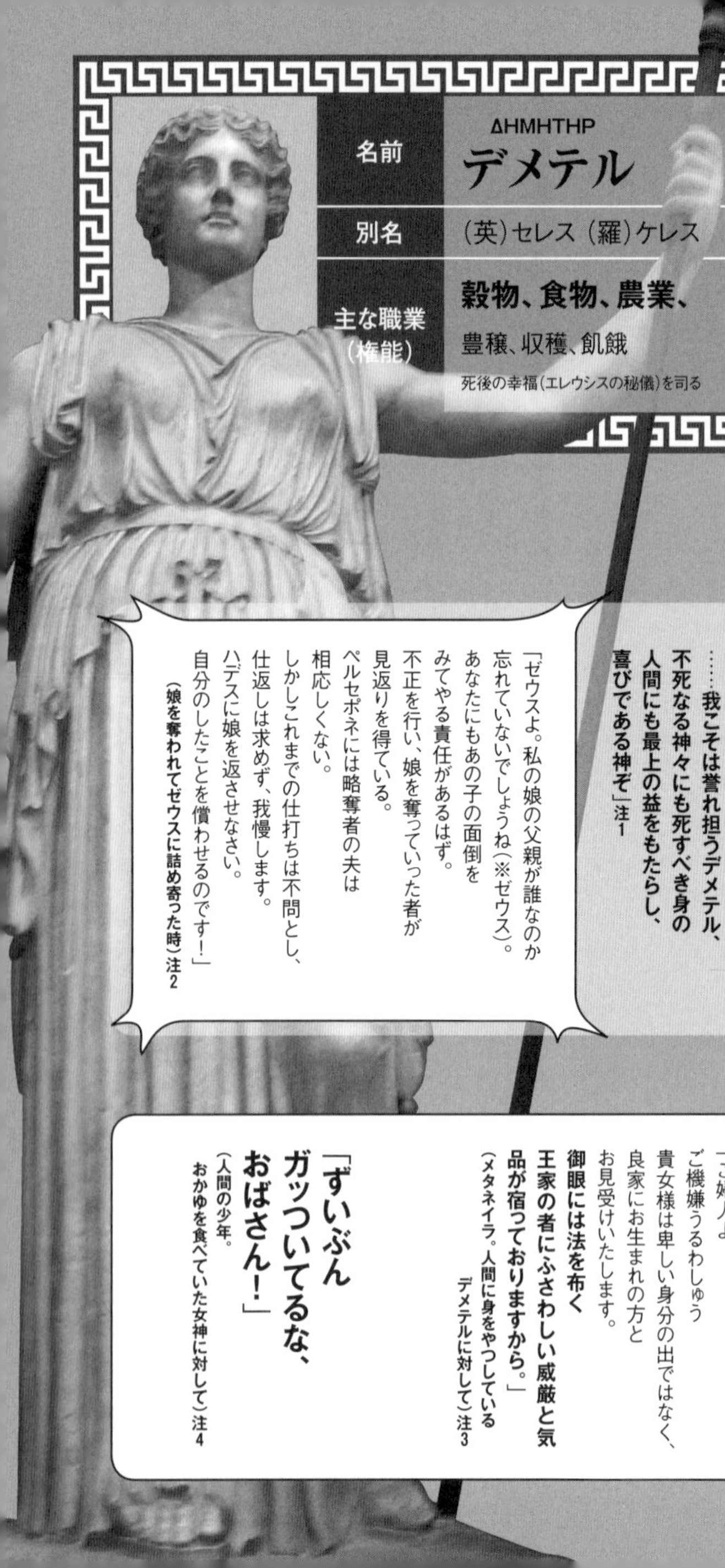

名前	ΔΗΜΗΤΗΡ **デメテル**　女性
別名	(英)セレス (羅)ケレス
主な職業(権能)	**穀物、食物、農業、** 豊穣、収穫、飢餓 死後の幸福(エレウシスの秘儀)を司る

有名なセリフ

「無知で思慮の足らぬ人間どもよ、
巡りくる運命のよし悪しを
あらかじめ知ることのできぬ者たちよ。
……**我こそは誉れ担うデメテル、**
不死なる神々にも死すべき身の
人間にも最上の益をもたらし、
喜びである神ぞ」注1

「ゼウスよ。私の娘の父親が誰なのか
忘れていないでしょうね(※ゼウス)。
あなたにもあの子の面倒を
みてやる責任があるはず。
不正を行い、娘を奪っていった者が
見返りを得ている。
ペルセポネには略奪者の夫は
相応しくない。
しかしこれまでの仕打ちは不問とし、
仕返しは求めず、我慢します。
ハデスに娘を返させなさい。
自分のしたことを償わせるのです!」
(娘を奪われてゼウスに詰め寄った時)注2

周囲からの評価

「ご婦人よ、
ご機嫌うるわしゅう
貴女様は卑しい身分の出ではなく、
良家にお生まれの方と
お見受けいたします。
御眼には法を布く
王家の者にふさわしい威厳と気
品が宿っておりますから。」
(メタネイラ。人間に身をやつしている
デメテルに対して)注3

「ずいぶん
ガッついてるな、
おばさん!」
(人間の少年。
おかゆを食べていた女神に対して)注4

人間と神の胃袋と世界の存亡を握るおふくろ――穀物の女神

豊穣の女神らしく母性にあふれ、優しい性格だが、怒らせると誰よりもこわい。

愛娘のペルセポネ（コレー）を冥王ハデスにさらわれた時は、文字どおり全世界が飢餓で破滅しかけた。

「もう地上に一切植物生やさないからね！　人間も神も飢えて死ぬがいい！」を有言実行（→163ページ参照）。

普段は優しくあまり怒らない女神ほど、一度怒らせると全人類、全神類が頭を下げることになる。まさに全世界の胃袋をにぎっていた。

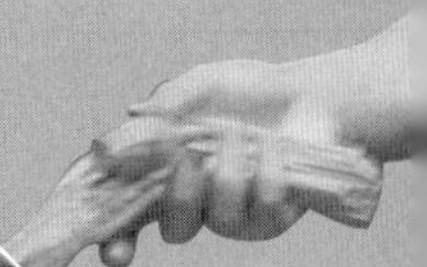

容姿
金髪の女神でおだやかな表情をしている。

●「薫りを放つ長衣からは心地よい芳香がただよい出て、女神の不死なる肌は遠くまで輝きを放ち、黄金なす髪は両の肩まで豊かに波打ちかかっていた」注5

●「女神は腰を下ろして、ヴェールを引き被り、その椅子に悲しみに打ちひしがれ、長いことじっと押し黙って座っていた。……豊かに腰帯した娘のことを思い焦がれて、次第にやつれていった」注6

シンボル、持ち物
（見分け方）

麦の穂、麦穂の冠、コルンコピア（豊穣の角）、まれに黄金の剣。
【植物】大麦、小麦、ミント、ケシ
【動物】蛇、キジバト、ブタ、馬

【左】デメテル（左）とその前に立つペルセポネ（右）
【右】王笏と麦穂を持つデメテル像

誕生日	不明
誕生地	不明
家族構成	父／クロノス 母／レア 娘／【長女】ペルセポネ（コレー）（ゼウスとの娘） 【次女】●●●●（本名を言うことを禁じられたポセイドンとの子。ペルセポネの妹。基本的には「デスポイナ（女主人）」という仮名で呼ばれる。本名は特別な秘儀に入信した者だけが口にすることができるためここでは書けない**注7**）、ほか
美称	**アネシドラ（恵みもたらす君）**、メガラ・メテル（大いなる母）、クロエ（緑の君）、デスポイナ（女主人）、カリスピュロス（美しい踝の君）、クサンテ（金の髪の君）、テスモフォロス（掟のもたらし手）、アガニッペ（情け容赦なき君）、キュアノペプロス（黒衣の君）**注8**　ほか
女性遍歴	―
男性遍歴	**・ゼウス** 蛇の姿でデメテルと交わり、ペルセポネを産んだ。**注9** **・ポセイドン** デメテルが誘拐された娘を探している時、ポセイドンが欲情にかられてやってきた。しかしデメテルは馬の姿になって逃げようとしたが、ポセイドンもまた馬の姿になって追ってきて強引にセックス。デメテルは極めて憤り、体を洗った泉の水をその怒りで黒く染めたあと、2人の間に名馬アリオンが産まれる。**注10** ・その他、人間イアシオンなど。

注1：『ホメーロスの諸神讃歌』「デーメーテール讃歌（讃歌第二番）」256行目以下　**注2**：オウイディウス『祭暦』第4巻587行目以下　**注3**：『ホメーロスの諸神讃歌』「デーメーテール讃歌（讃歌第二番）」210行目以下　**注4**：もちろんこのあとで女神は激怒して、少年はトカゲに変えられた。オウィディウス『変身物語』第5巻452行目以下。　**注5**：『ホメーロスの諸神讃歌』「デーメーテール讃歌（讃歌第二番）」276行目以下　**注6**：『ホメーロスの諸神讃歌』「デーメーテール讃歌（讃歌第二番）」198行目以下　**注7**：パウサニアス『ギリシア記』第8巻37章1節　**注8**：これは娘がさらわれた時の呼び名　**注9**：蛇の姿で交わった、というのはギリシャ神話の別流の密議であるオルフェウス教に伝わる神話。ヘシオドス『神統記』912行目以下。　**注10**：パウサニアス『ギリシア記』第8巻25章5節以下　**注11**：パウサニアス『ギリシア記』第1巻38章6節以下　**注12**：オウィディウス『変身物語』第8章27行目以下

神話上の主な経歴

誕生	産まれてすぐ父クロノスに飲み込まれる。のち、ゼウスに助け出される。
成年期	・娘ペルセポネ（コレー）をハデスに誘拐される。 ストライキを起こして世界中の穀物を枯らし、人類は滅亡の危機に。（→163ページ） ・ストライキ中にエレウシスに引きこもり、そこで「エレウシスの秘儀」を人間たちに授ける。 ・ペルセポネの帰還。冬の季節の誕生。

※自分の聖なる森を伐採しようとしたエリュシクトンに永遠にお腹いっぱいにならない呪いをかけたり、パンダレオスに一生胃痛に悩まない能力を授けたりなど。穀物の女神らしく食べ物関連の神話が多い。

主な崇拝地や特徴的な儀礼

・エレウシスの秘儀

現世利益主義のギリシャ神話の世界観において、異色の「死んだあとの幸福」を求める密儀のひとつ。デメテルはこの秘儀で重要な位置を占めていたが、「秘儀の内容を口外した者は死をもって償う」掟があるため、その詳しい内容はわからない。**注11**

・テスモフォリア祭

男性・未婚女性は参加できない豊穣祈願の祭り。参加する女性が卑猥な言葉を言い合いながら、鞭でしばき合う。祭りの前8日間は性行為をしてはならない**注12**（この祭りは、娘を誘拐された母デメテルが落ち込んでいる時、人間の女性が卑猥なことを言ったり、自分の性器を見せたりして女神を笑わせ心を開かせた、という神話に由来している。まさに日本神話で天岩戸に引きこもった天照大神をアメノウズメが裸で踊った話のギリシャ版）。

・デメテルは初穂を供犠に捧げられることが多い。また基本的にペルセポネ（コレー）と共に祀られる。

エレウシスの秘儀の一部をあらわしているといわれるレリーフ。上段右で玉座に座っているのがデメテル。その前で立ってたいまつを持っているのが娘のペルセポネで、祭列に参加する人々を導いている。下段中央に秘儀に使われたオンファロスという大岩が描かれている。

神を殺すことは可能か

人間、神々、生きとし生けるものすべての胃袋を握っている穀物の女神デメテル。[*81]助けてくれた男に一生消化不良で悩まない能力を授けてやったり、恋した男と[*82]畑の上で交わったり。[*83]ぼーっとしていて間違えて人間を食べてしまったり。

——と、穀物と大地の女神であるデメテルらしく、その神話は食べ物にまつわるものが非常に多いです。そしてすべてのものを育《はぐく》む豊穣の神としての性質からも、[*84]人間がよほど失礼なことをしでかさない限り、普段は非常に優しい神でもあります。

しかし、**この優しいデメテルこそが、人類と神々全体を破滅寸前まで追い込んだ女神でもありました。圧倒的な力を持つ不死なる神々を、どうやって危機に追い込むことができたのか。**神々すら死にかけた彼女のストライキ神話を紐解いてみることにしましょう。

***81** ただしその代わりたくさん食べないといけなくなったパンダレオスの話。諸刃の能力である。

***82** 畑の上でセックスするのは古代ギリシャでは豊穣祈願のためのまじないの一種だった。

***83** ある時にタンタロスが息子ペロプスを殺してその肉をシチューに混ぜ、神々に供した。神々は肉の正体に気づいて口をつけなかったが、デメテルだけは食べてしまった。

***84** デメテルの聖なる森に立っていた立派な神木を自分たちの宴会場を建てるからという理由で切り倒そうとしたため、満腹にならない呪いをかけられたエリュシクトン。最終的に路頭で汚物を食べて自らの体を貪って死んだ。

デメテルストライキ神話〈勃発編〉

デメテルにはゼウスとの間にコレー[*85]という娘がいました。その美しさゆえにあらゆる男神がプレゼントを携えて求婚にやってきます……。アポロンは竪琴を、ヘファイストスは首飾りを、ヘルメスは杖を、アレスは槍（それを女子に贈るのはどうかと思うが）をコレーに贈り、「結婚してください！」とプロポーズをしました。しかし、母デメテルはそのすべてを即却下。

デメテル「私のかわいい愛娘を女にだらしないこんなギリシャの男神どもの近くには置いておけないわ」

そう考えて、コレーを遠くのシチリア島[*86]へと隠して育てることにしました。

しかしある時、そんな愛娘が突然行方不明に。デメテルは我が子を求めて大地も海の上も駆け回りますが、神々も死すべき人間もコレーの行方について口を割る者はいませんでした。そこでデメテルはすべてを監視している太陽神ヘリオスに詰め寄ります。

ヘリオス「貴女の娘をさらったのは……冥界の王ハデスです。彼が貴女の娘

＊85 後の冥界の后ペルセポネだが、嫁入り前は単に処女神《コレー》と呼ばれている。

＊86 そのためシチリア島は穀物が豊かであると神話では説明されている。また、シチリア島はデメテルとコレー両神の一大崇拝地でもある。

神を暗い冥界の底に連れ去りました。ちなみに最高神ゼウスもグルです。ハデス様はあなたの娘神を妻に欲しいとゼウス様に申し出、ゼウス様は許可なさったとか。――しかし尊き女神よ、嘆くことはありません。ハデス様は神々のうちでも、多くのものを治めるお方。貴女様の弟君でもあらせられますし、権威にかけてもこの世の3分の1を治めておいでですし、不釣り合いではありません。むしろ玉の輿では……」

デメテル「ふざけないでちょうだい。誰がかわいい我が子を地獄の底になんかに嫁がせたいと思う!? ――穀物を司るこの私を怒らせたことを後悔させてやるわ」

娘をさらわれた**デメテルはエレウシス[87]に立てこもって、自らの職務を完全放棄しました――すなわち、[88]一切の植物が地上に生え出るのを禁止したのです。**

デメテル「冥界の王ハデスが娘を返さない限り、人間たちを飢えで殺し、神々に捧げられる供犠を根こそぎ絶やし、天上の神々も滅ぼす!」

冥界の王であるハデス的には、「どうぞどうぞ! 死者が増えれば私の王国の臣民が増えてむしろ大助かり! 天上の神々の皆さんも特に関わりないので

＊87 エレウシス。今でもデメテルがストライキして座りこんでいたという井戸がある。

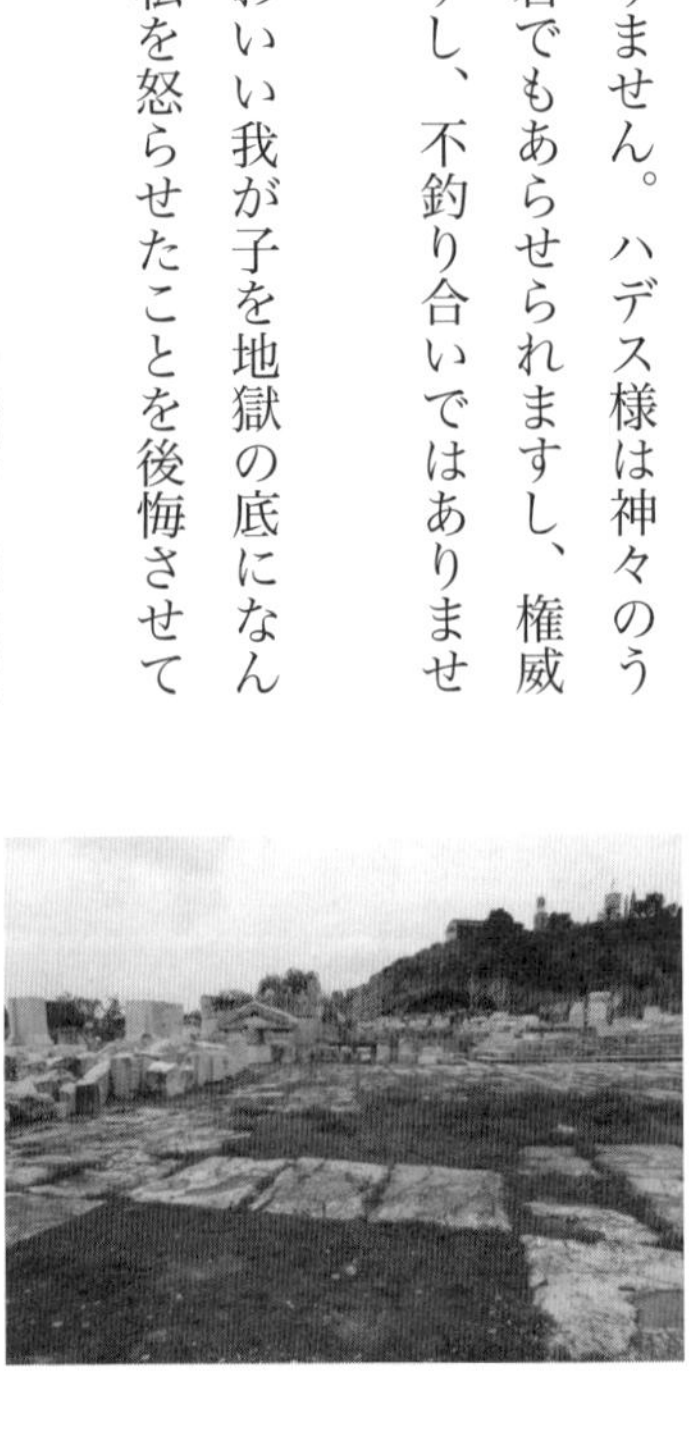

＊88 人間たちにとって最も呪わしい一年だった。「大地は撒かれた種子の一粒とて芽を出させはしなかった。畑で牛たちがまがった犂《すき》を幾度ひいても無駄だったし、白い大麦をどれほど地に撒いても実を結びはしなかった」（オウィディウス『変身物語』）

お亡くなりいただいて結構です」——という感じでしょうが、これに大慌てしたのがゼウスをはじめ天上の皆さんです。自分たちにお供え物をしてくれる人間が一人もいなくなれば、神々も飢え、存在することができなくなるからです。[*89]

ゼウスはすべての神々をデメテルのところに送って説得にあたらせました。神々は代わる代わるデメテルのところへやってきては、物で釣ったり、褒め殺しをしたり、最後にはゼウス自身もやってきて、こう言葉をかけました。

ゼウス「確かにハデスは冥界の主だが、この私の兄弟なんだから多少欠点あっても名誉なことだろう！　それに、ハデスの欠点はくじ運が悪いことだけだから!!」[*90]

しかし女神は頑として聞きませんでした。

ゼウス「こりゃデメテルを説得するのは無理だ。ハデスのほうにコレーを返すように説得するしかないな……。伝令神ヘルメスよ、ちょっと冥界に行って説得してこい。お前の交渉術に全世界の命運がかかっとる」

ヘルメス「承知しました」

——続きは後述のハデスとペルセポネのページにて。

＊89　たとえば、伝令神ヘルメスも供物を捧げてくれる人間がいない土地に伝令に行くことは嫌だ、と言っている。『オデュッセイア』第5巻93行目以下。

＊90　ゼウス、ポセイドン、ハデスが世界の支配権を握った時、その分割をくじ引きで決めた。その結果、ゼウスが天界を、ポセイドンが海界を、ハデスが冥界を引いた。

名前	ΠΕΡΣΕΦΟΝΗ **ペルセポネ**(=コレー)　女性
別名	(英)プロセルピナ (羅)プロセルピナ
主な職業 (権能)	【冬】(冥界にいる時)：冥界の女王(ハデスの妻として) 【夏】(地上にいる時)：豊穣と植物、春の芽生えの女神(デメテルの娘神として)

有名なセリフ

「みんな、来て。いっしょに両手に抱えられるだけの花を摘んで帰りましょう」

（友達に対して。ハデスにさらわれる直前）注1

「多くの者迎える主、力強きハデスは、嫌がる私を黄金の馬車に乗せ、地の下へさらっていきました。それで私は甲高い声を上げて叫んだのです。**お母様、私は辛い思いをいたしました**」

（母デメテルに対して）注2

周囲からの評価

「私が産んだ咲きにおう花のような姿美しい娘が。あの子が乱暴を働かれたかのように、悲痛な声を上げたのを聞いたのです。……神々か人間のうちの誰かが、嫌がるあの子を無理矢理に私からさらっていたのだわ」

（母デメテル）注3

「**私は黒い目のペルセポネなんかよりずっと高貴で美しいわ！** ハデス様もきっと私のところに戻って来るし、そしたらペルセポネは彼の館から追い出されるでしょうよ！」

（ハデスの昔の彼女　メンテによる嫉妬の言葉）注4

「冥界の女王ペルセポネ様が、梳き櫛でもってお前をずたずたに引き裂いたうえで、こう仰ってくださることだろう。『とっとと失せろ、クソやろう！』と」

（呪いの言葉）注5

地上の植物の乙女、地獄の女王二足のわらじを履く女神

時期によって職業が変わる二足の草鞋を履く女神。夏の間は地上の母デメテルの元で豊穣の娘神「コレー（乙女）」として祀られる。

しかし冬が来ると冥界に行き、ハデスの妻「ペルセポネ」として冥界の女王になる。

（彼女がこういう境遇になった理由については本文を。）

彼女は母デメテル、夫ハデスの副次的な役割をもつ神格で、あまり主体的な神話は残されていない。

容姿

金髪の若い女神。
母デメテル、夫ハデスのそばについていることが多い。

●「細いくるぶしを持つ娘神」注6
●「蕾にも似た顔の処女」注7

下段、不死なる馬を駆ってペルセポネを攫うハデス。
上段、ペルセポネが攫われたことに気づいた他の神々がその後を追おうとする。

【左】ペルセポネの略奪　【右】ペルセポネ像

シンボル、持ち物（見分け方）

【植物】柘榴、水仙、松明、穀物の束

誕生日	—
誕生地	不明（父ゼウスからシチリア島をプレゼントされているので、そこが最もお気に入りの場所のひとつ。**注8**）
家族構成	父／ゼウス 母／デメテル（時にステュクス） 夫／ハデス 子供／ザグレウス（時にディオニュソス）**注9**、地下神メリノエ、復讐の女神たちエリニュエス
美称	**コレー（乙女）**、**メリンディア（はちみつの花嫁）**、ハグネー（清き君）、ネオテラ（若き女神）、カルポフォロス（実りをもたらす君）、セムナイ・テアイ（尊い女神たち／母デメテルとセットで）　ほか
女性遍歴	—
男性遍歴	**・ゼウス（一度目）** ゼウスはペルセポネにとって実の父だが、オルフェウス教（密儀のひとつ）の神話では、蛇に変身したゼウスと交わって一子ザグレウスを儲ける（彼は酒神ディオニュソスと同一視される場合もある）。**注10** **・ゼウス（二度目）** ゼウスはハデスに変身してペルセポネと交わった。その時にできた子供は女神メリノエで、半分はゼウスの白さを、半分はハデスの黒さを受け継ぎ、白と黒のまだらの姿で産まれた。**注11** **・アドニス** シリアの美少年。まだ幼い彼の美しさにほれ込んだアフロディテは、彼が他の神々に食われないように箱に隠し、冥界のペルセポネの元にあずけた。しかしペルセポネもまた少年の美しさにほれ込んで、アフロディテに返そうとしなかった。 女神二人の間をとりもったゼウスは、「アドニスよ。一年の3分の1を地上のアフロディテのところで、3分の1を地下のペルセポネのところで、最後の3分の1を一人ですごせ」と裁定を下した。しかしアドニスは独り身期間もアフロディテの分につけ加えて、一年の3分の2をアフロディテの元で過ごした（実質的に、ペルセポネはフラれた）。**注12**

神話上の主な経歴

幼年期	**あらゆる男神にプロポーズされる。**アポロンは竪琴を、ヘルメスは杖を、ヘファイストスは首飾りを、アレスは槍をコレーにプレゼントして求婚したが、母デメテルによってすべて断られた。
成年期	・シチリア島のシュラクサイ近くの野原で花を摘んでいるところを冥王ハデスに連れ去られる。その後、一年の3分の1を冥界でハデスの妻として過ごすことに。(→170ページ) ハデスがペルセポネをさらった時、ハデスの昔の彼女であるニンフのメンテが嫉妬して「私のほうがずっときれいなのに!」と暴言を吐いた。それを聞いた母デメテル(もしくはペルセポネ本人)が怒り、彼女を踏みつぶした。そしてメンテは弱弱しい野草であるミントに変わった。注13

主な崇拝地や特徴的な儀礼

彼女は母のデメテルか夫のハデスと共に祀られることが多い(デメテルとハデスの履歴書参照)
はちみつ、牛乳、お菓子が供物に好まれる。

ハデス(右)の横にはべるペルセポネ(左)。このレリーフの上には2人の名前は刻まれておらず、単にΘΕΟΣ・ΘΕΑ(かの神、かの女神)とだけ書かれている。これは不吉な冥界の神々の名前を直接書くことをさけるためである。

注1:オウィディウス『祭暦』第4巻431行目　**注2**:『ホメーロスの諸神讃歌』「デメテル讃歌(讃歌第2番)」430行目以下　**注3**:『ホメーロスの諸神讃歌』「デメテル讃歌(讃歌第2番)」65行目以下　**注4**:Oppian, *Halieutica* 3. 485 ff　**注5**:ディオゲネス・ラエルティオス『哲学者列伝』第9巻10章58節　**注6**:『ホメーロスの諸神讃歌』「デメテル讃歌(讃歌第2番)」2行目　**注7**:『ホメーロスの諸神讃歌』「デメテル讃歌(讃歌第2番)」9行目　**注8**:ディオドロス『神代地誌』第5巻3章1節　**注9**:Orphic hymm 26, 71.　**注10**:Orphic Hymn 30(to Dionysus.)　**注11**:Orphic Hymn 71 (to Melinoe)　**注12**:アポロドロス『ギリシア神話』第3巻14章4節　**注13**:Oppian, *Halieutica* 3. 485 ff

噴火で始まるラブストーリー

いつものように静まり返った地下の冥界の玉座に坐していた冥王ハデスは、ドカーン！という突然の爆発音に飛び上りました。地上でシチリア島のエトナ山[*91]がすさまじい噴火を起こしたからでした。

ハデス「地面に裂け目ができ、そこから日光が差し込みでもしたら自分の臣民である亡者たちが怖がる。どうしよう」（オウィディウス『変身物語』）

心配になったハデスは、黒馬に牽かせた車に乗り冥界を出て、エトナ山の周りがぐらついていないか調査に出向きます（ハデスは仕事熱心でマメです）。

「ふう、どこもぐらついてないな……」とわかると、安堵して冥界への帰路につきました。しかしその途中、冥王の目に花畑で花を摘む一人の少女が飛び込んできました——それこそが穀物神デメテルの花のような娘、コレーでした。

ハデスは一目で恋に落ちます。しかし彼は他の神々とは違い、感情のままに

＊91　デメテルの節で書いたとおり、コレーはシチリア島に隠されて育てられていた。彼女は島の中心部に位置するエンナにかくまわれていたが、花を摘みにペルグーサの湖へと降りたところを、エトナ山を見にきていたハデスと遭遇してしまった。ただし、コレーがどこでさらわれたかについても、各地にさまざまな説がある。

＊92　水仙は水辺や湿った場所に咲き、墓場にもよく咲いていた花だった。

女子をかっさらったりしない冷静さと狡猾さを持ち合わせている男でした。まず彼女の父であるゼウスのところへ出向いて「娘さんをください」と外堀を埋めます。その後、コレーをおびき寄せ穏便にさらえるようにトラップをしかけたのです。こんなふうに――。

(その水仙*92こそはハデスが)、蕾にも似た顔のコレーを欺くために咲かせた
花。
コレーは驚きに胸つかれ、この美しい慰みの具を取ろうとして、
両手をともに差しのべた。
すると、大地は大きく口を開け、多くの者迎える主、
多くの名持つクロノスの御子ハデスが、
不死なる馬を駆って彼女の前に現れ出でた。
して、抗う処女を捕えて黄金の馬車に乗せ、
泣き叫ぶのも構わずに、無理矢理に拉し去った。*93

コレーをさらうハデス。母デルメルが翼の生えた蛇にひかせた戦車に乗って追いかける。

*93 『デメテル讃歌』沓掛訳

ここからの娘を奪われた母デメテルの悲しみと怒りについては前節で語ったとおりです。「娘を返さない限り世界を飢えで滅ぼしてやる」という生きとし生ける者すべての絶体絶命のピンチを作り出したのは、他でもないハデスの恋心が原因でした（ただ一人のひとめぼれが世界滅亡に一直線につながっているのが神話世界の恐ろしいところです）。

ともあれ、ゼウスの「この絶体絶命のピンチを打破せよ」とのムチャぶりを受けて、一人冥界に赴《おもむ》いたのが、尻拭いのスペシャリスト・伝令神ヘルメス[94]でした。

さて、ヘルメスが冥界にやってきて、ハデスの館の寝室に踏み込むと……ハデスとコレーはベッドの上。いや、彼女はもう「コレー（処女）」ではなかったので、「ペルセポネ」[95]という新しい名で夫に呼ばれていました。

この圧倒的に手遅れの状況を打破すべくヘルメスがこう言葉をかけました。

ヘルメス「ハデス様、彼女を返してください！　ペルセポネ様の母君のデメテル様がカンカンで地上がメチャクチャです！」

――ギリシャ神話の中でも一、二を争う修羅場。断れば地上は滅亡……そん

*94 ヘルメスはこのほかにも、父ゼウスの浮気の尻拭いなど、数々の雑用をこなしている。

*95 「ペルセポネ」という名前は「光を破壊する女性」、あるいは「眩い光」のような意味に解される。

な緊張感の中で、ハデスは眉だけを上げて薄く微笑みます。*96 彼には絶対的な勝算があったのです。

ハデス「わかった。母の元に帰るがいい、ペルセポネ。でもその胸の中に私に対する優しさと情を持ってくれ。そして、どうかそんなにひどく悲しまないでほしい」

歓喜したペルセポネはすぐさまベッドから身を起こし、ヘルメスも安堵で瞳を閉じますが、その一瞬の隙を突いてハデスはペルセポネに甘い柘榴《ざくろ》*97の実の一粒を食べさせたのです。

彼女はこの行為の意味を知りませんでした。しかし地上に戻り、母と再会した時にようやく自らがハデスの策略に引っかかったことを悟ったのです。というのも、冥界で食べ物を口にした者は冥界に繋ぎ止められてしまう、というルールがあったからです。

そこからペルセポネは1年のうちで3分の2を天の母の元で過ごし、残りの3分の1を冥界でハデスの妃として過ごすことになりました。そしてデメテルはその3分の1の季節を憎み、この間を「植物を芽生えさせぬ不毛の時期」と

*96 ハデスは「微笑まぬ者」なので眉を上げることで微笑みを表している。

*97 柘榴は墓に植えられ、死者の副葬品にも用いられ、冥界と関わり合いの深い果物だった。加えて、豊穣と結婚のシンボルでもある。

したのでした。

「不毛の季節」とは冬か夏か？

この神話はギリシャ神話における季節の起源譚を物語っています。ところで「植物を芽生えさせぬ不毛の時期」と言えば、私たちはすぐさま「冬」を連想します。しかし、ギリシャではむしろ酷暑が厳しい夏のほうが「植物を芽生えさせぬ不毛の時期」と言うにふさわしく、冬は冬小麦なども実るので豊かな季節です。そのためこの神話の解釈はさまざまです。「ペルセポネが冥界に下る季節は冬ではなく夏なのではないか？」。あるいは月の満ち欠けを表していて、ペルセポネが冥界に下る時期というのは新月を意味しているという解釈もあります。

さて、このハデスによるペルセポネ（コレー）略奪神話のみを聞くと、**騙されて結婚させられたペルセポネがかわいそうになってきますが、ハデスは決して悪い夫ではありませんでした。**というのも、ハデスの浮気は（現存する限り）

たった2回……ミンテ（薄荷）とレウケ（白ポプラ）[*98]だけだったのですから。ゼウスやポセイドンなどの男神既婚者がもう掃いて捨てるほど浮気しまくってるのを見てわかるとおり、これはギリシャ神話の世界観では極めて愛妻家の部類だと言えます。

　さて、なぜ彼がこれほどに恋愛エピソードや神話そのものが少ないかは、次のハデスの項目でお話しましょう。

＊98　ミンテはミンテ山に住むニンフで、ハデスと浮気したが、ペルセポネに見つかり踏みつけられてミント（薄荷）に姿を変えた。ミントは古代ギリシャでは死体の腐臭を消すのに使われていたため、冥界の王と関係が深かった。デメテルとコレー（ペルセポネ）の祭儀の際にもミントが使われる。レウケはハデスとつき合って、死んだあとに白ポプラに変えられた。白ポプラはハデスの聖木であり、彼はその葉冠をかぶっている。白ポプラの葉は表面が白く、裏側が黒いが、これは冥王に愛されたからなのだ、という解釈もある。ただこれはもしかしたら浮気ではなく、ペルセポネと結婚する前の彼女かもしれない。

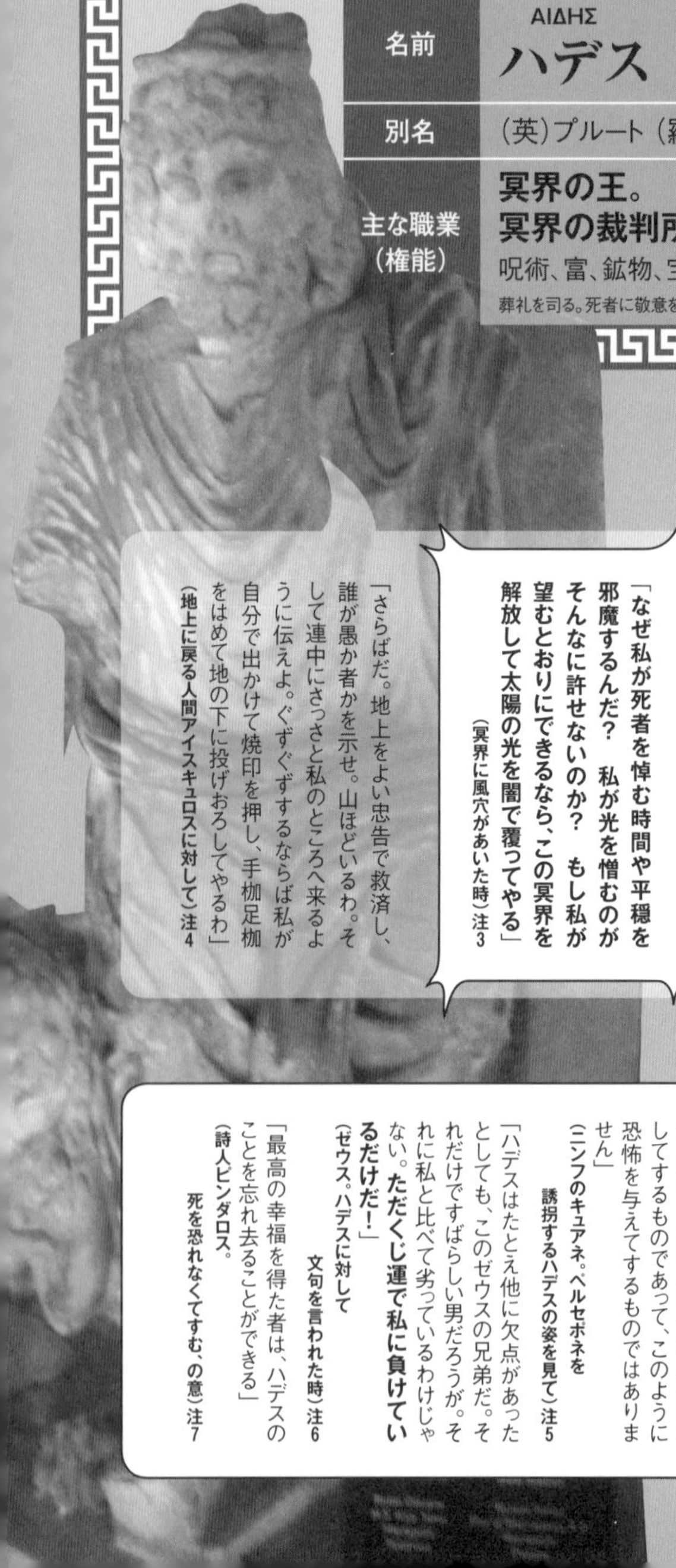

名前	ΑΙΔΗΣ **ハデス**　男性
別名	(英)プルート (羅)プルトン
主な職業（権能）	**冥界の王。** **冥界の裁判所のトップ。**注1 呪術、富、鉱物、宝石、豊穣、死者の埋葬や葬礼を司る。死者に敬意を払わない者は罰する。

有名なセリフ

「ペルセポネよ、その胸に私への優しい気持ちと思いやりを抱いて欲しい。そんなに悲しまないでくれ。不死なる神々の中でも、私はそなたに不釣り合いな夫にはならないはずだ」

（妻に対して）注2

「なぜ私が死者を悼む時間や平穏を邪魔するんだ？ 私が光を憎むのがそんなに許せないのか？ もし私が望むとおりにできるなら、この冥界を解放して太陽の光を闇で覆ってやる」

（冥界に風穴があいた時）注3

「さらばだ。地上をよい忠告で救済し、誰が愚か者かを示せ。山ほどいるわ。そして連中にさっさと私のところへ来るように伝えよ。ぐずぐずするならば私が自分で出かけて焼印を押し、手枷足枷をはめて地の下に投げおろしてやるわ」

（地上に戻る人間アイスキュロスに対して）注4

周囲からの評価

「冥王よ。デメテル様の同意を得ないで、ペルセポネ様の婿になることはできません。略奪などもってのほかです。まずは頭を下げて求婚しなければ。結婚とは、相手にお願いしてするものであって、このように恐怖を与えてするものではありません」

（ニンフのキュアネ。ペルセポネを誘拐するハデスの姿を見て）注5

「ハデスはたとえ他に欠点があったとしても、このゼウスの兄弟だ。それだけですばらしい男だろうが。それに私と比べて劣っているわけじゃない。**ただくじ運で私に負けているだけだ！**」

（ゼウス。ハデスに対して文句を言われた時）注6

「最高の幸福を得た者は、ハデスのことを忘れ去ることができる」

（詩人ピンダロス。死を恐れなくてすむ、の意）注7

ハリウッド映画では悪者扱いもギリシャ神話一誠実な地獄の王

ディズニー映画『ヘラクレス』などギリシャ神話モチーフの映画やアニメでは、ことごとく悪役に抜擢され、地上の滅亡目指して高笑いしている男・冥王ハデス。しかし元々は彼は邪悪な神ではなく、地上にも興味がない。ただ厳格で、死後の人間を裁くために無慈悲なまでの公平さを持ち、暗いところを好んでいる大人しい神である。

また、これだけ女にだらしがないギリシャ神話の男神の皆さんの中で、唯一浮気がほとんどない**注8**、奇跡の愛妻家でもある。しかしそんな妻のペルセポネとも掟により冬の間の4カ月しか冥界で一緒に過ごせない。

天界の神々が中心で、現世利益主義の「表のギリシャ神話」ではなかなか目立たないが、「裏のギリシャ神話」（オルフェウス教やエレウシス教などの死後の幸福をメインに扱う古代ギリシャの宗教の中の一派）では盛大に祀られている。

容姿

ヒゲ面で、威厳があり暗い表情のおじさん

- 「黒い喪服を着て剣を手にしたハデスは……」**注9**
- 「化け物のような大きい体をした冥府の王ハデスも……」**注10**
- 「ハデスは暗がりの中でかんぬきを持ち上げて、大量殺戮された死者たちのために冥界の門を広く開けた」**注11**
- 「（冥界に地上との風穴があいたとき）ハデスは尋常でない恐れに満たされ、星空をみて震えあがり、楽しげな光を浴びて激怒した」**注12**

シンボル、持ち物（見分け方）

隠れ兜（被ると姿を消せる皮でできた兜）、王笏、玉座、果樹園、冥界の鍵、豊穣の角（コルンコピア）

【植物】糸杉、ミント、白ポプラ、アスポデロス（不死の花）、水仙、柘榴

【動物】メンフクロウ／ミミズク（縁起の悪い鳥でハデスの使者といわれる）、ケルベロス（3つの頭を持つ犬）

【左】大地に豊穣を授けるハデス（プルトン）
【右】ケルベロスをはべらすハデス像

誕生日	ー ただし、月の29日、1カ月の最後の3日間は冥界の神々の聖日。
誕生地	ー
家族構成	父／クロノス 母／レア 妻／ペルセポネ（コレー） 子供／復讐の女神たちエリニュエス、死の女神マカリア**注13** ※ハデスは基本的には生殖能力のない男神だと考えられているが、本流ではないギリシャ神話（オルフェウス神話）では、子供を持っている時がある。
美称	冥府の王である「ハデス」の名は直接呼ぶのは縁起が悪いので避けられた。そのため彼の別名も縁起の悪さを感じさせないようにポジティブな意味のものが多い。 **プルトン（富める者）**、**アイドネウス（見えざる者）**、エウブレウス（善き忠告者）、クリュメノス（名高き君）、ポリュデグモン（多くの者の主人）、ポリュクセノス（多くの者を迎える主）、**エウカイテス（髪麗しき君）**、エウクレス（名声高き君）、ハゲシラオス（人々の導き手）、パシアナクス（すべての者の王）、ネクロン・ソテル（死霊の救い手）
女性遍歴	**・メンテ** ペルセポネと結婚する前の元カノでミントの草になった。（ペルセポネの履歴書参照）。 **・レウケ** ニンフの女性。ハデスが連れ去ったが、ハデスは死んだあとに彼女を白ポプラに変え、自分の聖木にした。**注14**
男性遍歴	ー

冥界の行き方

ギリシャ各地には冥界に通じると信じられていた洞穴があり、夜にそこを下っていくと冥界入りができる。しかし、冥界の番犬ケルベロスなどがいるため、生きて戻ってくるのは至難の業である。

神話上の主な経歴

誕生	産まれてすぐ父クロノスに飲み込まれ、後に弟のゼウスに助け出される。
成年期	**ティターン大戦** ゼウス、ポセイドンをサポートして姿を隠せる隠れ兜で父クロノスに近づき、その鎌をドレパノン岬の海に捨てる。
	・ゼウス、ポセイドンと共に、天界、海界、冥界の支配権をくじ引きで決める。ハデスはくじ運が悪く、冥界を引き当ててしまう。
	・死者の埋葬、葬送を発明する。死者を統治し、気遣う仕事を請け負う。**注15**
	・コレー（ペルセポネ）を誘拐、自分の妻にする。一年の3分の1を共に過ごすことに。（→170ページ）
	・英雄テセウスとペイリトゥースがペルセポネに求婚しようと冥界にやってきた。怒ったハデスは2人を冥界の門に縛りつけて晒し者になる罰を与えた。
	・ヘラクレスがハデスの犬である三つ頭のケルベロスを貸してほしいと冥界にやってくる。「武器で傷をつけないと約束するならいい」と了承。
	・死者の魂を連れ戻しに冥界へやってきたヘラクレスと戦闘になる。負けて死者の魂の黄泉がえりを許してしまう。このころからヘラクレスに対する恨みが積もる。
	・自分を祀ってくれている数少ない都市ピュロスが英雄ヘラクレスの侵略を受けたため、地上に助けに上がる。疫病をもたらす術や槍を振り回して戦うが、矢を肩に受けて「不死だけど死んじゃうかもしれん」と思い逃げ戻る。**注16**
	・アポロンの息子の医神アスクレピオスが死者をも生き返らせる名医になり、ハデスは怒る。「自分の支配領域が狭められている！」とゼウスに訴えて、アスクレピオスを雷撃で殺してもらう。
	・アオニア地方にて死者が埋葬されていない状況に怒り、疫病を地上に送って多数の人間を殺す。アポロンの助言で、この地方の人々は人身御供を捧げてハデスをなだめた。しかし人身御供にされた少女たちを憐れんだ冥王夫妻はその体を彗星に変えて天に流した。**注17**
	・人間オルフェウスが死んだ妻エウリュディケを取り返すために生きたまま冥界にやってくる。彼の妻への愛に心を打たれたハデスとペルセポネは「決して振り返ってはならない」という条件つきで2人を地上に帰してやる。しかしオルフェウスが振り返ってしまい、結局妻と地上に戻ることはできなかった。
	・その他、最も狡猾な人間シシュポスに騙されて一度死んだ彼を地上に戻らせてしまう、など。

主な崇拝地や特徴的な儀礼

・基本的にハデスは人間から供物（賄賂）は受け取らない（祭儀をしても無駄である）。
しかし、どうしても彼をなだめたい時には、地面をたたきながら黒毛の動物を供犠に捧げる。供犠の最中にはハデスの神像から目を背けて見つめてはいけない。

天上の神々への供犠の際には、高い祭壇の上で動物を焼き、それを神に取り分けてから人間も食べる（神と一緒に食事をする）。しかし冥界の神々の場合には、地面に掘った穴に焼いた動物を投げ込む。そして人間が食べてはいけない**（冥界の神々と一緒に食事をするのは死を意味する）**。また冥界神、大地の神々には「ネーフィリア」という酒を使わない儀式が一般的である。**注18**

・「冥王ハデス」の単独の神殿はエリスにしかない
この神殿は一年に一度しか門が開かれない。ハデスは縁起の悪い神だったので、基本的には「プルトン（富める者）」の名で豊穣の神として祀られる地域が多い。**注19**

・ハデスの死霊神託所
テスプロティアにハデスの死霊託宣所があった。死者と話ができる場所で、これは今もギリシャに遺跡が残っている。**注20**

・その他、死霊呪術（死者の魂を冥界から呼び出す）の際に呼びかけられる。**注21**

・人が死んだ時は口の中に銅貨2オボロスを入れる。これは三途の川の渡し賃である。ただし、冥界の入り口の近く（タイナロン岬の洞穴など）の近くで死んだ場合、渡し賃は必要ない。

注 1：彼は冥界の王として死者の魂を裁き、ほとんど冥界の外に出ない。そのため天界に住まう神々の呼称である「オリンポス十二神」の中には名前を挙げられることはあまりない。　**注 2**：『ホメーロスの諸神讃歌』「デメテル讃歌（讃歌第 2 番）」360 行目以下　**注 3**：Statius, *Thebaid* 8. 21 ff　**注 4**：アリストファネス『蛙』1503 行目以下　**注 5**：オウィディウス『変身物語』第 5 巻 410 行目以下　**注 6**：オウィディウス『変身物語』第 5 巻 527 行目以下　**注 7**：ピンダロス『ピンダロス祝勝歌集』「オリンピア祝勝歌第 8 歌 72 行目以下　**注 8**：現存史料においてハデスの恋人はレウケとメンテだけ。恋愛関係になったのは妻をめとる前である、という史料もあれば、妻をめとったあとの浮気である、とする古代の人たちもいる。ただ浮気であったとしても、発覚している限り、数千年間たった二回。これはゼウス、ポセイドンらと比べると表面的には非常に少ないといえる。　**注 9**：Valerius Flaccus, *Argonautica* 3. 380　**注 10**：ホメロス『イリアス』第 5 歌 93 行目　**注 11**：Nonnus, *Dionysiaca* 36. 200　**注 12**：Statius, Thebaid 8. 21 ff　**注 13**：Suidas s.v. *Makariai*　**注 14**：Servius on Virgil's Eclogues 4. 250 **注 15**：ハデスが冥界の王になるまでは、地上の人々は死者を朽ちるに任せていたという。ディオドロス『神代地誌』第 5 巻 69 章 5 節。　**注 16**：この時にはハデスの他にアポロン、ポセイドンも協力してヘラクレスと戦った、とされる。ピンダロス『ピンダロス祝勝歌』「オリンピア祝勝歌第 9 歌」30 行目以下。パウサニアス『ギリシア記』第 6 巻 25 章 2 節、Seneca, Hercules Furens 559 ff　**注 17**：アントニヌス・リベラリス『メタモルフォーシス』第 25 話。**注 18**：Strabo, *Geography* 14. 1. 44　**注 19**：パウサニアス『ギリシア記』第 6 巻 25 章 2 節、Strabo, Geography 8. 3. 14ff.　**注 20**：ヘロドトス『歴史』第 5 巻 92 節、パウサニアス『ギリシア記』第 1 巻 17 章 4 節、第 5 章 14 章 2 節　**注 21**：Statius, *Thebaid* 4. 410 ff

なぜハデスには神殿が一つしかないのか

神々の神殿は腐るほどあるのに、地上にたったひとつしか神殿を持っていない男神[*99]がいます。……それが冥界の王ハデスです。

全世界の3分の1にあたる冥界を支配し、すべての死者と地下の富（宝石や貴金属）などの所有者でもあるので、ハデスは極めて偉い神です。しかしハデスには神殿ひとつという状況に加えて、神話もほとんど創作されませんでした。

というのも、古代ギリシャは「現世利益主義」で、神のご利益は生きてるうちにもらいたい！　という宗教観だったからです。

そのため、多くの古代ギリシャ人は冥界やハデスに対してほとんど無関心です。一方で、現世が辛く、死後の世界[*100]の幸福を願い、ハデスを信仰した貧しい人々も少なくありませんでした。しかしながら彼らには神殿を建築し神話を後世に残す財力がなかったため、結果、彼が主役の神話や崇拝も目に見える形ではあまり残っていないというわけです（数少ない例外はデメテルとペルセフォネ[*101]の項目でお話したとおりです）。

＊99　ハデスの単独の神殿はエリス地方にただひとつあるのみ。近くにハデスの神域であるメンテ山もある。この神殿は年に一度、神官しか入ることを許されない特殊な神殿だった。別名である富の神プルトンとしては各地で祀られることがある。

＊100　古代ギリシャの宗教の中でも、死後の幸福や輪廻転生を支持するオルフェウス教やエレウシスの秘儀にとっては重要な神格である。

＊101　ハデスは「プルトン（富める者）」という別名で冥界神ではなく、地下の富をもたらしてくれる神としてデメテル・コレー（ペルセポネ）と共に崇拝を受けていることが多い。

また彼は不吉な存在とみなされたため、人間たちはその名を直接口にすることも嫌いました。だから彼は大抵こんな風に回りくどい名で呼ばれます——「地下のゼウス」「地下の王」「富める者」「見えざる者」「善き忠告者」「無慈悲な者」(以下略)——。

ハデスは「悪者」か

ところで、ハデスは地獄の王であるところから、現代では「悪者」だと思われることが多々あります。実際、古代ギリシャ人たちも彼を「冷酷で、無慈悲で、いかなる嘆願も供え物も受け取らない神」だと考えていました。

しかし逆に言えば、これは「誰に対しても公平(誰からの賄賂も受け取らない)」ということを意味しています。ハデスは冥界の王として死者を公平に裁きます。そしてどんな死者でも弔《とむら》うように定めたのもハデスです。

そういう意味でハデスは悪ではなく「法を順守する冷静な正義」を体現しています。古代ギリシャ人もこう言っています——

「ゼウスの側には掟が、地上には法律が、そしてハデスのそばには正義がある」＊102

加えて意外と情にもろい神話も伝わっています。たとえば、「死んだ妻を返してほしい」と冥界に生きたまま下ってきた人間オルフェウスに心を打たれて条件つきで彼の妻の蘇りを許可してしまったり。また、オリオンの娘2人が自分の身を犠牲にしてボイオティアを守って死んだ時、冥王はこの2人を憐れんで星（彗星）へと変えたり。

そして自分の唯一の神殿があるエリス地方が英雄ヘラクレスの侵略を受けた時に、ハデスはこの市を守るために現れ……、結果ヘラクレスの矢に射られて大けがを負って退散したり。

こんな風に無慈悲と言われる冥界の王も意外と情にもろい一面があり、そこがハデスの大きな魅力のひとつでもあります。

＊102　イアンブリコス『ピタゴラスの生涯』9章46節

名前	ΕΣΤΙΑ **ヘスティア** 女性
別名	(英)ヴェスタ (羅)ウェスタ
主な職業 (権能)	**暖炉、家族の保護、家の保護、** 国家の保護、嘆願者、客人の保護

有名なセリフ

「私は永遠に処女の身でいることをゼウスに誓います」

(ポセイドン、アポロンの求婚に対して)

(彼女はほとんどしゃべらない。)

周囲からの評価

「あなたのいらっしゃらぬところでは、死すべき身の者たちは宴を催すことはできぬがゆえに。**宴にあたっては、まず第一に、また最後に、ヘスティアに甘き美酒をそそぎ献ずるのが慣いゆえ**」

(詩人)注1

「市庁を所有するヘスティアよ、どうぞあなたの居室へ、またあなたの輝かしい錫杖のそばへ、温かく迎え入れてください！」

(詩人)注2

提供：Bridgeman Images/アフロ

派手に大暴れする神々の中 唯一引きこもる炉の女神

やんちゃ放題、やりたい放題、トラブル三昧、スキャンダルだらけのオリンポスの神々の中で、目立たず大人しく炉の前を離れない女神。

しかしながら、いかなる祭儀の際にも、彼女は最初に名前を受ける。それは古代ギリシャの社会が火を囲むところから始まっているからである。家の中にも、神殿にも、都市にも彼女の炉が燃えている。ある意味ギリシャで最も重要な神。

シンボル、持ち物（見分け方）

松明、水さし、花を持っている。ベールをかぶっている。

【動物】ブタ、ロバ

容姿

ベールをかぶった慎ましやかな女性。

●「なめらかなオリーブ油が、常にあなたの麗しい巻き毛から滴り落ちる……」注3

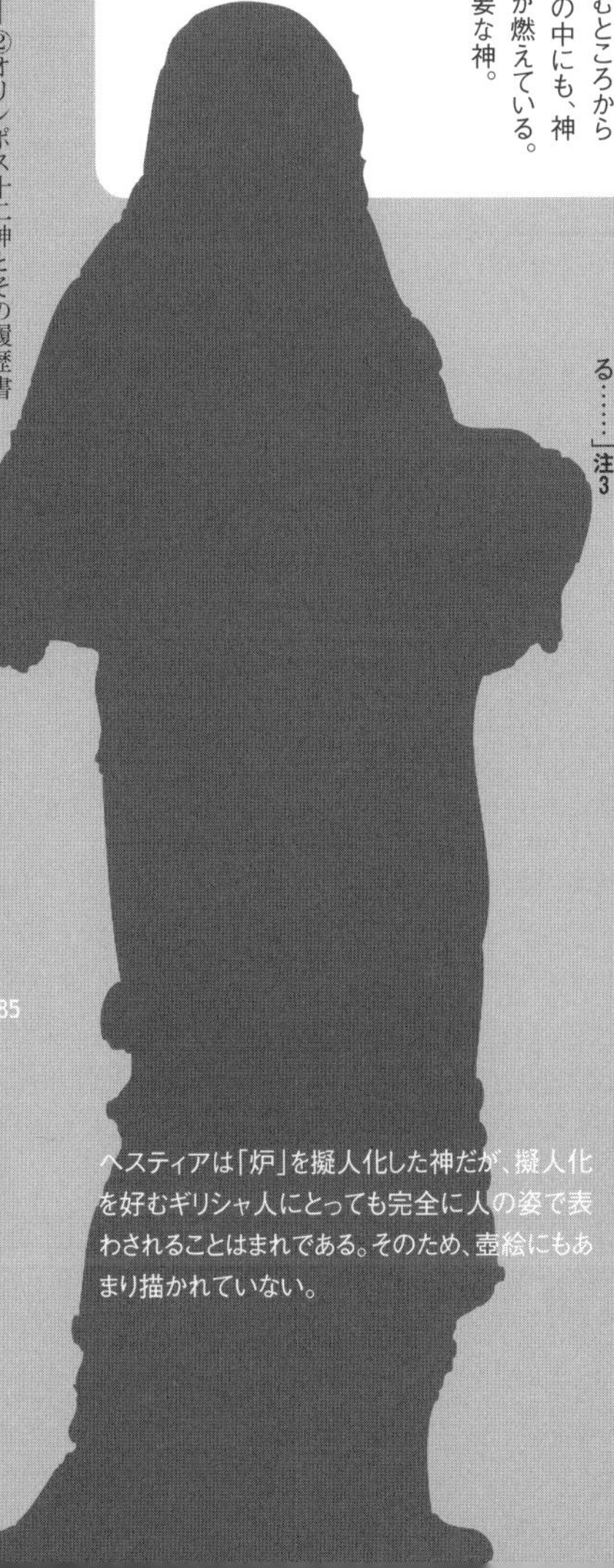

【右】ベールをかぶるヘスティア

ヘスティアは「炉」を擬人化した神だが、擬人化を好むギリシャ人にとっても完全に人の姿で表わされることはまれである。そのため、壺絵にもあまり描かれていない。

誕生日	不明
誕生地	不明
家族構成	父／クロノス 母／レア 友人／ヘルメス注4

美称	ブーラニア（議会場の神）、プリュタネイア（市庁に坐す君）
女性遍歴	―
男性遍歴	―（処女神）

ウェスタ神殿（ヘスティアはローマではウェスタとして崇拝を受けた）

ローマのウェスタ神殿

すべてのウェスタ神殿は円形状で、入口が東に向いている。

中央にはウェスタの神像の代わりに、国家の聖なる火が燃えるかまどがあり、「ウェスタの処女」たちがその火を絶やさぬように見張っていた。もし火を絶やしたり、純潔の誓いを破った場合はむち打ちや生き埋めに処されたが、代わりに彼女たちには大きな権力が与えられていた。例えばその体を傷つけた者は死罪、罪人を解放する権限など。

神話上の主な経歴

誕生	クロノスの最も年長の子供として生まれるが、産まれてすぐ父クロノスの腹の中に飲み込まれる。
成年期	・ゼウスが助け出してくれた時に、父クロノスは飲み込んだのと逆の順番で子供たちを吐き出した。そのためヘスティアは6人のクロノスの子供たち（ヘスティア、ハデス、デメテル、ポセイドン、ヘラ、ゼウス）の中で、「最も年長で最も若い女神」になった。
	・ポセイドンとアポロンに求婚されるが拒否、永遠の処女であることを誓う。
	・後世においては、「この後、ヘスティアは優しいので新参のディオニュソスにオリンポス十二神の地位を譲った」……と言われているが、そのことを示す古代の史料はない。前5世紀あたりからディオニュソスがヘスティアの代わりに十二神に加えられることが多くなったのは確かである。

※庭で寝ているところを豊穣の神プリアポスに襲われそうになったが間一髪で起きて助かる。家屋の建築術の発明なども。
・ヘスティアは炉の前を離れない女神のため、他の神々と違ってあまり目立った神話がない。

主な崇拝地や特徴的な儀礼

・ゼウスや他のどんな神よりも先に供犠を受ける。**注5**

・ヘスティアの神殿は少ないが、各家庭や、すべての神々の神殿、各都市の中心の炉に彼女が祀られていた。

・各都市の市庁には絶やされることのない火が燃えており、これはヘスティアの神聖な火だった。**注6**

・新しい市を建てる時の儀式
新しく植民市を建設する時、母市の市庁で燃えている火を種火に植民市の市庁に灯す。

・薫香、水やワイン、オリーブ、牛、豚を捧げられることが多い。

注1：『ホメーロスの諸神讃歌』「アフロディーテー讃歌（讃歌第5番）」24行目　**注2**：『ホメーロスの諸神讃歌』「ヘスティアー讃歌（讃歌第29番）」5行目以下　**注3**：ピンダロス『ピンダロス祝勝歌集』ネメア祝勝歌第11番1行目以下　**注4**：ヘルメスとは互いに親しい心を抱いている。『ホメーロスの諸神讃歌』「ヘスティアー讃歌（讃歌第29番）」17行目　**注5**：これは供犠が絶えることがない、ということを意味している。『ホメーロスの諸神讃歌』「ヘスティアー讃歌（讃歌第24番）」3行目以下　**注6**：『ホメーロスの諸神讃歌』「ヘスティアー讃歌（讃歌第29番）」　**注6**：パウサニアス『ギリシア記』第1巻18章3節

「まずヘスティアから始めよ」

目立ちたがり屋が多く、「我も我も」と主張してくるオリンポスの神々の中で、引きこもり気味で最も地味な存在——それが炉（暖炉）の女神ヘスティアです。

彼女はゼウスの兄弟で最も年長だったにも関わらず、神話もほとんどありません。現存している話は、アポロンとポセイドン*103が同時に彼女のところへやってきて、「ヘスティア！　結婚してくれ！」とダブルプロポーズした、という話くらいです。

この時もヘスティアは「私はどちらとも結婚したくない。一生独身でいたいの」と処女を貫いてアポロンとポセイドンはブロークン・ハートしたのでした。

こんな風に地味で目立たない彼女はさぞかしリアルの世界でもないがしろにされていたんだろう——と思ってしまいますが、それはまったく逆でした。古代ギリシャの祭儀では、ヘスティアは他のどの神よりもまず最初に供犠を受けます。

「まずヘスティアから始めること」——これが古代ギリシャの供犠のルールで

＊103　デルフォイのアポロンの神託所にはアポロン、ポセイドン、ヘスティアの三神が祀られていた。この理由は、古代ギリシャ人が新しい植民市を建設する際には、まず神託の神アポロンに入植先を命じられ、航海の神ポセイドンが無事に送り届けてくれ、入植地で国家の最初の火であるヘスティアの炉を灯すからである。このようにこの三神は植民市建設において特に関わりの深い神々だったので、こういったプロポーズの神話が生まれたのかもしれない。

した。

というのも、炉の女神ヘスティアは極めて古い神格であり、古いミケーネ時代から王の居室には直径4mの低く丸い炉が部屋の中心に備えつけられている[*104]のが常でした。

アルカイック期に入って王の存在がなくなっても、各都市は公共の大きな炉を持っていて、そこが政治的中心であり、外国人をもてなす場であり、保護を求めて逃げてきた者を守る場所でもありました。そして多くの都市でこの炉の火はいついかなる時も絶やさないよう番をしていたのでした。

国家だけでなく各家庭においても、暖炉は家族の中心でした。家族は食事の時には必ず暖炉に、ヘスティアへのちょっとしたお供え物を供えたのです。そして子供が産まれた時、お嫁さんが嫁いできた時、奴隷がやってきた時……新しい家族ができたときには必ず暖炉の前でヘスティアに儀礼を行ったのでした。

温かい暖炉の周りに自然に人が集まってくるように、炉の女神ヘスティアは各都市や各家庭を保護し、見守る中心でした。それゆえに彼女は神々の中で一

*104　ミケーネ時代の王の居室（メガロン）。中央に丸い炉の痕跡がある。

番穏やかで、人々を守る優しい神でもあります。

すべてのヘスティアの火が消えた時

そして都市や個人だけではなく、ヘスティアは古代ギリシャ全体の中心でもありました。

紀元前480年、ペルシア戦争によって各ギリシャ都市が侵略を受けた時、デルフォイのアポロンはこう神託を下しました。

「敵であるペルシアによってギリシャの火が穢《けが》されている。すべての都市のヘスティアの炉を消せ。そして（ギリシャの中心にある）デルフォイのヘスティアの炉から火種をとり、新しい火を全土に再び灯すのだ」

この逸話からわかるとおり、ヘスティアの火は都市全体、ギリシャ全体の象徴でもありました。

神話では炉の前から動かず引きこもりで地味なヘスティアでしたが、家庭、都市、古代ギリシャの実社会では世界の中心に坐していた極めて重要な神格だったのです。

しかし、時代が下り、古代ローマやその後の時代に入り、神話が宗教から引き離されてただの文芸になってしまうと、彼女の名はほとんど聞かれなくなってしまったのでした。

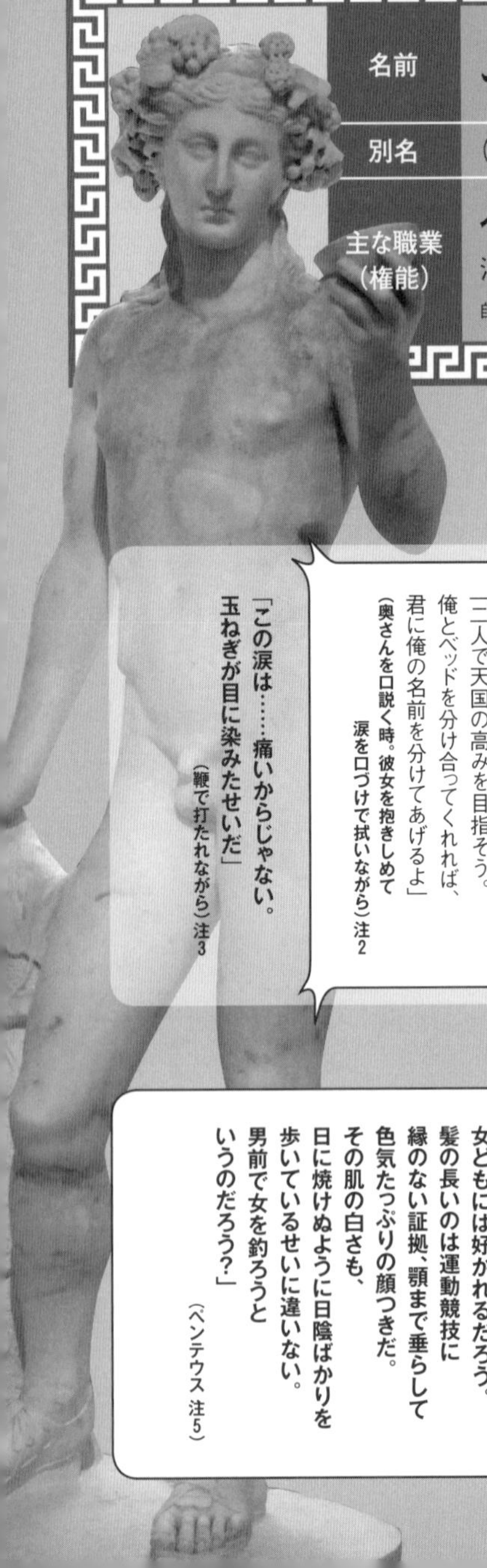

名前	ΔΙΟΝΥΣΟΣ ディオニュソス　男性
別名	（英）バッカス（羅）バッコス
主な職業（権能）	ぶどう酒、陶酔、狂気、 演劇、野生、復活の神 自我や本能を解放して境界を超えさせる神。

有名なセリフ

「ゼウスの子ディオニュソスは、
真の神であり、
人間にとって
これほどに優しい神も、
またこれほどに
恐ろしい神も
いないことを思い知れ」
（この後、スーパー八つ裂きタイム）注1

「二人で天国の高みを目指そう。
俺とベッドを分け合ってくれれば、
君に俺の名前を分けてあげるよ」
（奥さんを口説く時。彼女を抱きしめて
涙を口づけで拭いながら）注2

「この涙は……痛いからじゃない。
玉ねぎが目に染みたせいだ」
（鞭で打たれながら）注3

周囲からの評価

「神の中でも
人の中でも
一番の臆病者」
（ディオニュソスの従者 注4）

「しかしお前はなかなかの
男前だな。
女どもには好かれるだろう。
髪の長いのは運動競技に
縁のない証拠、顎まで垂らして
色気たっぷりの顔つきだ。
その肌の白さも、
日に焼けぬように日陰ばかりを
歩いているせいに違いない。
男前で女を釣ろうと
いうのだろう?」
（ペンテウス 注5）

「最も語ることが難しい」といわしめた酒と狂気の神

今はワインの神様として夜の新橋の酔っ払い的な陽気なイメージだが、かつては荒ぶる神でよく人間を八つ裂きにして血祭りに上げていた。

彼は境界を超越する神で、酒や演劇、性的エクスタシーなどで人間の自我を解放する神である。

もっとも若いオリンポス十二神。唯一母が人間であり、最初は神と認められていなかったりと最も異端児であり、最も神殿に籠っていることが少なく、最も人間の前に姿を現す神。そして最も異名が多く、最も謎めいた神である。それゆえ「最も語ることが難しい」と古代人にも言われている。

容姿

美青年、ヒゲ面のおっさん両方で描かれる。女性的で独特の夢見るような陶酔の表情。時々牛の角が生えている。

よく酔っ払っている姿で描かれることが多い

●「彼の豊かな黒髪は波を打って流れ、逞しい肩には紫色の長衣を纏っておられた……」注6

シンボル、持ち物（見分け方）

ヒョウの毛がわ
ツタの冠、テュルソス注7
【植物】ブドウ、モミの木、シナモン、ツタ植物、ヒヨコマメ、イチジク
【動物】ヒョウ、ヤギ、ロバ、イルカ、ヘビ

【左】ロバに乗るヘファイストスと、ディオニュソス
【右】杯をかかげるディオニュソス像

誕生日	紀元前1500年ごろ**注8**、日は不明
誕生地	不明（ドラカノン、イカロス、アルフェイオス、テーバイなど。また架空の場所であるニューサ山）**注9**
家族構成	父／ゼウス 母／セメレ（テーバイの姫で人間） 妻／アリアドネ（クレタの姫。 英雄テセウスに捨てられた彼女を拾った、もしくは奪い取った）
美称	**バッコス、ディメトール（二度生まれの君）**、アウクシテス（どよめき起こす君）、レナイオス（ブドウ絞りの君）、**ブロミオス（鳴る神）**、アイオロモルフォス（さまざまに変身する君）、ミュリオモルフォス（無数に変化する君）、リュシオス（解放者）、アイゴボロス（ヤギ殺し）、アントロポッライストス（人殺し）　そのほか無数
女性遍歴	**・アウラ** 風のように足の速い女性。ディオニュソスが追いかけても追いつけなかったので寝ている間にセックスした。しかし結果狂って生まれた子どもを引き裂く。**注10** **・ベロエ** ディオニュソスとポセイドンが求婚したが、ディオニュソスはフラれた。**注11** ・そのほか、女神アフロディテ、ニカイア、パレレッネなど。
男性遍歴	**・アンペロス** 野生の牛に乗ろうとして死亡、彼の血からディオニュソスは最初のブドウの木を作った。**注12** **・ポリュムノス** 冥界に行く道を教える代わりに俺とセックスしてくれ、とディオニュソスにお願いしてOKをもらった男。**注13** 「冥界に行く道を教えてくれ」

注1：エウリピデス『バッコイの信女』860行目以下　**注2**：Ovid, *Fasti* 3. 459 ff　**注3**：アリストパネス『蛙』657行目　**注4**：アリストパネス『蛙』487行目　**注5**：エウリピデス『バッコイの信女』452行目以下　**注6**：『ホメーロスの諸神讃歌』「ディオニューソス讃歌（讃歌第七番）」5行目以下　**注7**：テュルソスは先端にツタが巻いてある松ぼっくりを付けた霊杖。最初は木材の杖だったが、彼の信者が酔っ払って杖で殴り合って死者が出たので、ディオニュソスは殴り合っても安全なように、しなるフェンネルの茎で杖を作るようになった。（ディオドロス『神代地誌』第4巻4章6節）　**注8**：ディオニュソスは最も若い神だと定義されている。（ヘロドトス『歴史』第2巻145節）　**注9**：『ホメーロスの諸神讃歌』「ディオニューソス讃歌（讃歌第一番断片）」5行目以下　**注10**：Nonnus, *Dionysiaca* 48. 240 ff　**注11**：Nonnus, *Dionysiaca* 42. 1 ff, etc.　**注12**：Ovid, Fasti 3. 407 ff　**注13**：Clement of Alexandria, *Exhortation to the Greeks* 2. 30

神話上の主な経歴

6カ月の胎児	・母セメレのお腹にいる間に、ヘラの奸計により、母もろとも父ゼウスの雷撃によって打たれる。母は死亡。
6カ月～誕生まで	・父ゼウスが6カ月の胎児だったディオニュソスを自分の太ももに縫い込んで養育した。
誕生～幼児期	・ヘラの嫉妬により、巨人族たちによってバラバラにされ、殺される。アポロンがその四肢を集めて復活させる。
幼児期	・ヘラの目を逃れるため、女子の服を着て人間の両親の元に預けられるが、見つかって養父たちを狂わされる。 ・さらにヘラの目を逃れるため鹿に変身して、ヘルメスがニューサ山に隠す。
少年期	・ブドウの木を作り出し、ブドウ酒を発明した。が、やっぱりヘラにばれて狂わされて諸国をさまよい歩く。
青年期	・諸国に自分が神であることを知らしめ、ギリシャに戻ってくる。自分を認めない者を八つ裂きにして、ついに全ギリシャに自分の存在を認めさせオリンポスの神に入る。 ・この時妻アリアドネを得る。 ・冥界に下り、冥王ハデスと冥妃ペルセポネにギンバイカの木を賄賂に送って、死んだ母セメレの魂を連れ出す。母セメレを神として天界に連れ帰る。 ・巨人族との戦いではテュルソスの杖でエウリュトスを撲殺した。

主な崇拝地や特徴的な儀礼

・野山で太鼓を打ち鳴らしながら生きたまま動物を引き裂いて生き血をすすったり、生肉を食べる。おもに女性によって崇拝される。祭儀の際の掛け声は「エウ、ホイ!」

・デルフォイのアポロン神殿の冬の間の留守番（→200ページ）

・大ディオニュシア祭
アテナイ市。豊穣のシンボルである巨大な男根を神輿に担いで町中を練り歩く。

エピダウロスの古代劇場

演劇はディオニュソスをまつる祭儀から始まったと言われている。

「ディオニュソスを語るのは最も難しい」

「バッカス（ディオニュソス）」というと今でも「お酒の神様だ」とわかるくらい知名度は高いし、ワインのラベルにも陽気な酔っ払いの絵で描かれていてとてもイメージしやすい神様です。

しかし、紀元前1世紀の歴史家[*105]はこう語っています。

「今からディオニュソスのことを話す。しかし神話の語り手や詩人たちが彼について書いている内容は、全員一致せず、全員が途方もない説を数多く書き留めている。だからこの神のエピソードを簡潔に述べるのは無理だ」

紀元前1世紀の段階でそんな弱気なことを言われたら、2000年後のわれわれ現代人はディオニュソスをなんて紹介すればいいんだ!?　と困り果ててしまいますが、最もわかりやすく、しかし最も謎めいて闇に包まれたかの神の話を最後に始めることにいたしましょう。

＊105　ディオドロス『神代地誌』

最も優しく、最も恐ろしい狂気の神

ある時、ギリシャに新しい神がやってきました。その神を信仰する女性たちは、生きたままの羊を手で引き裂き、血を啜り、生肉を食べつつ、太鼓の音に合わせて奇声を上げながら野山を踊り狂っていました。

当然、古代ギリシャの施政者たちは「ヤベェェ何だアレ!?」とビビりまくって曰く、

テーバイ王ペンテウス「国中の女どもがディオ何トカとかいう新米の神をあがめて踊り狂っている！　そやつめは己をゼウスの息子であり偉大な神であるとかほざいているが、そんなものは嘘だ！　ああ！　あの連中の行進が今や燃え盛る野火のごとく、われらの身近に迫ってきている――ギリシャにとって何という恥辱！」（『バッコイの信女』）

その新米の神こそがオリンポス十二神最後の一人にして、酒と狂乱と演劇の神ディオニュソス（バッカス）[*106]でした。

古代ギリシャ人は最初は彼を神だとは認めず、彼とその崇拝者たちを迫害し

*106　ディオニュソスの異名のひとつに「バッコス」があるが、これのほうが呼びやすいのでローマでは「バッカス」と呼ばれる。

ます。しかし放浪した諸国を自分の教えに従わせたあと、ギリシャのテーバイ市にカムバックして曰く、

ディオニュソス「アジア諸国を俺の教えに従えたあとに、今なぜ俺がギリシャに戻ってきたと思う？　それは人間どもに我が神威を示すためだ。テーバイの王ペンテウスは俺を神と認めず、供物も捧げず、祈ろうともしない！　ゼウスの子ディオニュソスが、真の神であり、人間にとってこれほど優しい神も、またこれほど恐ろしい神もいないということを、存分に思い知らせてやろうじゃないか……」

ここから迫害され続けた神・ディオニュソスの迫害返しの復讐劇が幕を開けます。

ディオニュソス「ペンテウスめにどんな仕返しをしてやろう。まず軽く頭を狂わせて正気を失わせてやろうか。そして女物の服を自分から着たい気分にさせてやるんだ。さっき散々に我らを威嚇したペンテウスが、女の衣装を着けて街中を連れられて行き、テーバイの町の物笑いものにされる……その姿を俺は見たい。しかしそれだけではすまさぬぞ。自分の母の手で体を引き裂かれ、あ

107　ディオニュソスの信女に引き裂かれるペンテウス

＊108　また一方で、ディオニュソスは演劇の神でもある。そのため喜劇の中ではこんなおもしろい

の男が地獄に落ちるところを見るまではな」
そしてディオニュソスはこの言葉通りの行いをします。[*107] 同じようにギリシャ中で自分を否定する者たちを狂わせ、残酷に引き裂き、自分が神であることを知らしめたのです。そうして最終的に、栄えあるオリンポス十二神の一人に加わったのでした。

ディオニュソスは[*108]酒と酩酊、狂気と陶酔、扮装や仮面、演劇のフィクションの世界や死後の世界にも関わる神でした。つまり限界を超越し、自我を開放する神です。そして先の迫害の神話でもわかるように、社会的秩序に挑戦してくる神でもありました。それゆえゼウスを中心とした秩序立った信仰体系を持っていた古代ギリシャ人には最初は恐怖と迫害の対象だったのです。

彼は年若い美少年の姿で現わされる時もあれば、ビール腹のベロンベロンのおっさんのような姿の時もあります。彼は男性ですが、女性のような外見でもあります。彼はオリンポス十二神最後の一人でしたが、ゼウスと同じくらい古くからギリシャにいた神です。生まれ故郷も定かでなく、最も異名の多い神で

一面も見せてくれる。
ある時、冥界に忍び込んだディオニュソス。しかしあえなく冥界の門番に捕まり、「お前の内臓全部引き裂いてやるぞ！」とすごまれ脱糞。
ディオニュソス「やべぇ……ビビりすぎてウンコもらした……海綿（≒ティッシュ）貸してくれ」
従者「まったく……あなたときたら、神の中でも人の中でも一番の臆病者なんですから！」
ディオニュソス「なに？　俺のどこが臆病者だ。他の男なら今ごろ口から泡吹いて倒れとるわ。だけど俺は意識を保ってお前にティッシュを借りた。そのうえ自分でケツを拭いた。勇敢だろうが！」
従者「ハイハイ、勇敢です」
（アリストファネスの『蛙』。演劇の神であるディオニュソスが、死んだ悲劇作家たちに会いたいと冥界に下る話）。

もあります。名前の前半（dio-）はギリシャ語ですが、後半（-nysos）は異国の響きを持っています。彼は「神は不死である」というギリシャ神話のルールにはずれて何回か死んでいるし、他の神々とも違って母親はただの人間でした。

こんなふうに彼はギリシャの神々の中で最もとらえどころのない謎に包まれた神です。「神話の語り手や詩人たちがディオニュソスについて書いている内容は、全員一致せず、全員が途方もない説を数多く書き留めている」という言葉どおりに。

世界の中心にいたのは誰か

ところで、神々の章の最初にアポロンのお話をしました。今でも「アポロン的／ディオニュソス的」という表現は対立する言葉としてよく使われています。**「ディオニュソス的（Dionysian）」を辞書で引くと「陶酔や忘我、無秩序で抑制のない、直感的な」という意味で、「アポロン的（Apollonian）」（理性的で節度と秩序があるもの）と相反する言葉だ、ともあります。**このふたつの

＊109 迫害を受けていた子供のころのディオニュソスが巨人族の罠にかかってバラバラにされたが、その散り散りになった手足を拾い集めてお墓を作ってあげたのはアポロンである。

一方で、アポロンの代名詞たる予言の力を彼に譲ったのはディオニュソスである。

「デルフォイでは最初に夜の女神ニュクスが神託を下していたが、その後掟の女神テミスに代わった。その後大蛇ピュトンが神託所を占拠した時、三脚台にディオニュソスが初めて座った」

ピンダロス『ピュティア祝勝歌』に対する古註

言葉は19世紀の哲学者ニーチェが世に広めたものですが、確かに理性のアポロンと狂気のディオニュソスは相反し、険悪な仲のように思えます。

しかし、古代ギリシャ人*109はこの2人が仲が悪いとは思わず、むしろその逆だと考えていました。

というのも、アポロンは冬の間はバカンスでギリシャから極北の地に行ってしまいますが、その間、彼は自分の最大の聖域であり世界の中心でもあったデルフォイ*110の神域をディオニュソスに預けます。神域内における二神の地位にも上下関係はなく、完全に等しい存在でした。

今ではどの観光ガイドブックを見ても、「世界遺産のデルフォイはアポロンの神域である」と書かれてしまいますが、本当はその半分はディオニュソスの神域だったのです。

理性、秩序、光明のアポロンと、狂気、混沌、忘我のディオニュソス。この一見相反する二神が世界の中心の神殿をシェアしていた――この状況がギリシャ神話の、そしてギリシャの神々のおもしろいところです。

デルフォイの神殿

*110　デルフォイには世の中の中心を示すへそ石があった（写真はレプリカ）

3 神々の終焉からの世界

現代でも色褪せない神々の姿

313年にキリスト教が公認され、それまでの神話の神々が攻撃の対象に変わると、神々の大理石の像は神殿から縄をかけて引きずり出されモルタルの材料になりました。青銅の神像は広場に持ち出され、かつてその神々を信仰していたはずの人々によって嘲笑の的にされました(エウセビオス『コンスタンティノスの生涯』)。

そして**393年にローマ帝国内の異教の神殿、聖域、聖物の破壊命令が下され、1000年続いたオリンピアの競技祭も禁止されると、もはやギリシャ神話の神々に残された場所は感傷的な物語の中だけになりました。**それこそが今、私たちがよく知るギリシャ神話の姿です。

だから「本当に古代ギリシャ人はこんな人間臭い神様たちを信仰していたの？　たとえばアポロンなんてフラれてばっかりだし全然神様っぽくないよね」――最初はそう疑問も持つでしょうが、それは古代ギリシャのリアルな神々の姿ではありません。「空を馬車でかける太陽神」「恋多きプレイボーイ」という記号的な存在に変えられる前は、幾度も現実のギリシャを救い、歴史を定めてきた偉大な神託の神だったのです。

古代ギリシャ人に言わせれば「供物を捧げる人間が一人もいなくなったら、神も餓死する」ので、ギリシャ神話を信じている人は一人もいない現状、神々は死んでいるのかもしれません。

しかし逆に、地上の神殿をすべて失っても、神々は物語の世界では現代にいたるまで依然ピンピンしている、とも言えます。**この2000年間でどれだけのギリシャ神話から作品が生まれたでしょうか。**ボッティチェリも、モーツァルトも、ルーベンスも、神話の神々を題材に数々の作品を残していますし、現代の日本でもギリシャ神話を題材にした作品にはこと欠きません。

いえ、物語の中だけではありません。私たちのリアルの世界でも、見上げればギリシャ神話が夜空を彩っていて、ワインのラベルにはディオニュソスが楽しそうに酔っ払っています。美しい女性を「ヴィーナス」とたとえるし、月面に初めて着陸した有人宇宙船は、古代ギリシャの光明神が手綱をとる馬車でした。

古代ギリシャの人々が愛した神々は、２０００年を経《へ》た今でも、まだこれほどに魅力的なのです。

第3章 古代ギリシャ人のメンタリティ

1 労働観と人間性

アリとキリギリス、どちらが「人間的」か？

あるところにアリとキリギリスがいた。夏の間、せっせと働きエサを集めているアリに対し、キリギリスは一切働かず歌って遊び暮らしていた。しかし冬が来てエサがなくなると、キリギリスは飢え、「アリさん、僕が間違っていたよ。今度からきちんと働くから食べ物を分けてくれないか」とアリを頼る。そしてキリギリスは心を入れ替えて働くことに決めたのだった――。

イソップ物語「アリとキリギリス」。誰もが一度は聞いたことがある話です。

そして私たちはこの童話を偉大な教訓として心にとどめてきました……そう、「アリのようになれ！」と。この童話は「もしもの時に備えて今働け」「備えあれば憂いなし」という勤労讃歌なのだ……そう信じてきました。

しかし一方で、この童話には「元々のバージョン」があります。そう、**イソップ物語の作者であるイソップ（アイソポス）[*1]は古代ギリシャ人であり、これは元々『アリとセミ』[*2]というタイトルの話でした。**

この他の寓話集の中で、アリはこのように書かれています。

> アリは昔、人間だった。農業に勤《いそ》しむのはよかったが、自分の収穫だけでは満足できず、他人のものも欲しがって、隣人の収穫を横取りし続けた。ゼウス神がその貪欲さに怒り、彼をアリに変えた。しかしアリになった今も、畑を歩き回って、他人の小麦や大麦をくすねては自分のためだけに蓄えているのである。（『イソップ寓話集』166番）
>
> ある冬の日、腹を空かせたセミ（キリギリス）は「自分にも少し食べ物を恵んでくれないか？」と頼み込んだ。

＊1　イソップ（アイソポス）については謎が多いが、だいたい紀元前6世紀ごろの人物ではないかといわれている。

＊2　セミはギリシャでは夏の風物詩だが、ヨーロッパにはほとんど生息していない。そのためこの物語がヨーロッパに伝わった際、「アリとセミ」から「アリとキリギリス」に改変された。しかし日本人にとっては古代ギリシャと同様、夏の間歌っている昆虫といえば元々の「セミ」のほうがピンとくる。古代ギリシャではセミはとてもよいイメージの昆虫である。（→258ページ）

「セミよ、君は夏の間、何をしていたんだ」

「怠《なま》けていたわけじゃない。僕らは夏の間に歌うのが仕事だ」

「ハハハ、じゃあ冬の間は踊っていればいいじゃないか？」。（『イソップ寓話集』３７３番）[*3]

このように古いバージョンのイソップ物語の中では、アリはあまりいいイメージではありません。自分の身の丈《たけ》の稼ぎで満足せず、夏の間もあくせく働く奴は、蓄えがたんまりあったとしても餓死寸前の嘆願者を救いはしない。

――そういう教訓が見え隠れしています。


私たちには「勤労は美徳だ、アリのようになれ！」という教訓になっているこの話は、古代ギリシャ人にとっては「働くことばかりの冷酷でケチなアリのようになるな！」という教訓であったかもしれません（もちろん、セミ／キリギリスのように有事に備えなければ逆の意味でヤバいぞ、というところは一致していますが）。

そしてこの話こそ古代ギリシャ人の労働観をとてもよく表しています――そ

＊3　『アリとセミ』には異なる結末やバージョンが無数にある。

う、**労働は美徳ではありません。自分で働いてお金を稼がねば生きていけないのは、古代ギリシャでは恥ずかしいことです！**

人間らしさとは……ありあまるヒマ

「最近仕事どうなの？」「今の会社はどう？」「お給料には満足してる？」

現代の社会人が久々に会った旧友との飲み会でしがちなこんな質問。しかし古代ギリシャの一般市民がその場にいたら、こう返されてしまいます。

「自分の食いぶちを稼ぐために労働してるなんて、恥ずかしい！　だいたい人に雇われてるなんて奴隷になるより悪いじゃないか」

私たちは「勤労は美徳」と子供のころから繰り返し教えられてきています。「働かざる者食うべからず」で、怠けることには罪悪感すら覚えています。しかし、これは古代ギリシャ人にとってはまったく逆でした。労働は人間がすることではない……もし一般市民でヒマがなく怠けられず、誰かに雇われて、食いぶちを稼ぐために働く者がいるなら、それこそ恥ずべきことでした。

古代ギリシャの一般市民にとって、「生きるために働く」[*4]「食べるために働く」「報酬をもらって働く」ことは不名誉なことだったのです。

そう聞くと「マジかよ！　今すぐ仕事辞めて古代ギリシャに行きたい！　私も歌って踊って一年過ごせるキリギリスになりたい！」と思ってしまいますが、食べ物が自動で天から降ってくるわけではもちろんないので、市民たちの余暇を労働で支えなければならない存在がいました……。それが奴隷[*5]でした。

一般の古代ギリシャのアテナイ市民は、2人～4人の奴隷を所有していて[*6]、自ら働く必要がありませんでした。そのため、奴隷ではない人間が自分で働くことは軽蔑の対象となったのです。そう、「労働は文明的な人間がすることじゃない、奴隷がすること！」だからです。

奴隷は外国から仕入れてくることがほとんどでしたが、一般市民でも戦争捕虜になったり海賊に捕まって外国に売り飛ばされたり……などの理由で奴隷落ちすることがありました。

それを聞くと、「古代ギリシャの働かなくていい市民は羨《うらや》ましいけど、奴隷になるくらいなら、多少のサービス残業があったとしても現代日本で企業戦士

＊4　古代ギリシャの職業では、農業が一番尊敬されたが、商人や手工業は蔑視された。たとえ芸術家のような職業でも、手（体）を使う仕事は軽蔑の対象になった。

＊5　奴隷は「物言う道具」「生きている財産」であり、人間扱いはされない。数える時も「男性が1人、女性が2人」ではなく、「男の体1つ、女の体が2つ」。そして肉体労働、掃除洗濯などの家事労働、手工業、ほとんどの生産活動が奴隷によって行われていた。

＊6　もちろん裕福になればなるほど所有できる奴隷の数は多くなる。120人の奴隷を雇って工場で働かせる人もいた。まったく奴隷を所有せず、自分で仕事をしている市民は貧困者だった。

やってるほうが100倍マシだな！」と思ってしまいます。しかし、古代ギリシャ人に言わせれば、「人間が人間に雇われて働くなんてことは、奴隷になるより悪い。だって、奴隷と違って解雇される心配があって、よっぽど不安定じゃないか」。会社勤めの多くの現代人は、彼らから見たら奴隷以下のポジション……なのかもしれません。

「基本的に週休7日で労働時間0なんだったら、じゃあ**古代ギリシャの市民は普段何してるんだよ？」というと、「schole（スコレー）」です。**訳すと、「自由時間」、「ゆとり」、「閑暇」「余暇」「レジャー」……つまり、ヒマな時間を謳《おう》歌《か》していました。

古代ギリシャ人には「時間を無駄にする」という概念はほとんどありません。**ボーッとしている時間、誰かとおしゃべりしている時間……積極的に自由に使える時間があることは、文明的な生活を送るための必要条件だったのです。**

哲学者アリストテレスは、[*7]人間が人間でいるためには、労働ではなく「schole（ヒマ）」こそが重要だ、と言っています。そして彼らはその中で政治的行為、学問、哲学をしていました。哲学は古代ギリシャで花開きましたが、やはり「『美

*7 アリストテレス『政治学』。

しい』とは何だろう」「人間とは何だろう」というような考えは、ある程度ヒマがないと浮かんでこない問題かもしれません。明日が納期という時に「部長。……人間ってなんすかね?」「うん君、いい質問だね。人間というのは万物の尺度だと思う」……などという会話をする余裕はなかなか生まれません。

このように、古代ギリシャ人にとっては、すべての人間的で文明的な活動は、「ヒマな時間」から産まれるものでした。ヒマがあって初めて人間は学び、考えることができる……だからこそこの古代ギリシャ語で**「ヒマ」を表わす「schole」が、英語の「学校(school)」の語源になっているのです。**

2 時間感覚と宗教観

月の女神が怒り狂う古代ギリシャの暦

「じゃあ1月29日に渋谷のハチ公前待ち合わせね！」と言えば、現代の私たちなら「も〜！　こんな寒い日に外で待ち合わせなんて〜！」と文句たれながらも、全員同じ日に渋谷のハチ公前に集合できます。

しかしこれが古代ギリシャ人だった場合、アテナイ市民なら真夏の7月の新月あたりの日に、スパルタ市民なら9月の新月あたりの日にバラバラにやってくることになるでしょう。アテナイにとって「1月（1年の最初の月）」は夏から始まり、スパルタにとっては秋から始まるからです。

古代ギリシャには統一された暦[*8]も、年号も、月の名前も、統一された「年始」

＊8　紀元前3世紀にようやく「いい加減に全ギリシャ統一のわかりやすい暦を作ろう」という運びとなり、古代オリンピックが最初に開かれた紀元前776年を元年とした「オリンピア紀」という年号が採用されることになった。一オリンピア紀は4年間単位で夏から始まる。つまりこの暦で表すと、2015年上半期は「第698オリンピア紀の第2年」、下半期は「第698オリンピア紀の第3年」となる。

すらもありません。東京都民と大阪府民がまったく違うカレンダーで生活しているような状態でした。

加えて、古代ギリシャでは今のような太陽暦ではなく、月の満ち欠けを基準にした「太陰暦」が採用されていました。新月から次の新月までを1カ月として、それが12カ月で1年です。「上弦の月の日は必ず月の7日目、満月の日は必ず月の15日目。月を見上げるだけでわかるからすごい便利！」。……と言いたいところですが、ご存じのとおり、月の満ち欠けの周期は29・5日。それが12回で1年とすると、29・5×12で354日。地球は365日で太陽を一周するので、年に11日ペースで季節がずれてしまいます。

アテナイ人も「おい、なんか俺たちが使ってる暦、どんどんずれてねーか!?」と気づき、**ずれが大きくなると気まぐれに「うるう月」を挿入して1年を13カ月にして対応していましたが、これが常に混乱の種**でした。前430年ごろの暦の混乱について、喜劇作家はこう書いています。

「諸君、月の女神[*9]はわたが煮えくりかえっておいでだぞ！　お前たち

*9 月の女神セレネ。

アテナイ人ときたら、月が決めているはずの日付をひとつも守ろうとしない！　おかげで予定がめちゃくちゃだ！　天上の神々は決められた日に祭儀をしてもらえないから、ご馳走をスッポかされてカンカン！　そのたびに月の女神に『おい、私のご飯はどうなってる⁉　いくら祭壇で待ってても人間が誰もご飯を出してくれないんだが！　今日、私の祭儀の日のハズだろ⁉』と文句をつけに押しかけて来ているのだ！……諸君、わかるか！

生活の日付は、月を基準にしないとどれだけの混乱が巻き起こるかが！」

（アリストファネス『雲』616行目以下）

このように、古代ギリシャの暦は常に混乱していて、極めて不明瞭でした。そのため、古代の歴史家たちは「〇〇さんが政治を執っていた年の夏」とか「オリンピアの競技祭で〇〇市出身の●●が2度目に優勝した年の冬」といった言い方をして混乱を避けていたのでした。*10

*10　古代ギリシャ人の1日は24時間だったが、太陽が出ている間を12時間、夜を12時間に分割していたので、季節によって1時間の長さが多少変わる。いずれにしても「正確な時間」を知るためには日時計を見るほかなかった。今でいう「ストップウォッチ」の役割は水時計が果たしていて、水が流れ落ちる量によって時間の経過を正確に測っていた。

■アテナイの１年と主な祭儀

タルゲリオン月 **（タルゲリア祭の月）** 6･7日 アルテミス･アポロンの誕生祭 （罪人2人を崖から突き落とし町を清める）	**スキロポリオン月** **（傘持ち祭の月）** 12日 傘持ち祭 （競技の勝者が女神アテナに酒を注ぐ権利を得る）	**ヘカトンバイオン月** **（百牛犠牲の月）** 15･17日 アテナイの建国祭 27〜29日 アテナの誕生祭	**メタゲイトニオン月** **（隣人を変える月）** 7日 隣人替えのアポロン祭 （政治と外交に関する祭）
ムニキオン月 **（ムニキア祭の月）** 16･17日 ムニキア祭 （アルテミスの祭。夜に少女が裸で踊る）	5月〜6月　6月〜7月 4月〜5月	7月〜8月　8月〜9月 9月〜10月	**ボエドロミオン月** **（助けを求めて走る月）** 15〜21日 エレウシスの秘儀
エラフェボリオン月 **（鹿討ち祭りの月）** 6日 エラフェボリア祭 （鹿狩りの弓矢大会） 9〜14日 大ディオニュシア祭 （劇のコンテスト）	（内側が現代暦） 3月〜4月 2月〜3月　1月〜2月	10月〜11月 12月〜1月　11月〜12月	**ピュアネプシオン月** **（豆煮の月）** 8日 ディオニュソスの結婚記念祭 9日〜14日 テスモフォリア祭
アンテステリオン月 **（花祭り月）** 11〜13日 アンテステリア祭 （春を祝う祭り）	**ガメリオン月** **（嫁取り月）** 27日 ゼウスのヘラの結婚記念祭	**ポセイデオン月** **（ポセイドン月）** 13日 小ディオニュシア祭 26日 ハロア祭 （大地の神々に豊穣の感謝）	**マイマクテリオン月** **（嵐が起きる月）** 20日 嵐を起こすゼウスの祭 （厳しい冬にならないよう祈る）
		第13月＊11 **第二ポセイドン月** うるう月で、太陽暦との差が大きくなったら気まぐれに挿入される	

＊11　第13月である「うるう月」が一年の中でどこに挿入されるかも気まぐれだった。

■アテナイ暦　第一月　ヘカトンバイオン月

1	2 善き神霊に供犠	3 アテナの月誕生日	4 ヘルメスの月誕生日 アフロディテに供犠	5	6 アルテミスの月誕生日	7（上弦の月） アポロンの月誕生日*1
8 ポセイドンに供犠	9	10	11	12 農耕神クロノスに供犠	13	14
15（満月） 建国記念日*2	16 建国記念日	17	18	19	20	21
22	23	24	25	26	27 女神アテナの誕生祭	28 女神アテナの誕生祭
29（新月） 冥界の神々に供犠*3						

*1　「月誕生日」はどの月にも必ずある。
*2　「建国記念日」はアテナイ市の建国記念日。
*3　月の最後の1日〜3日間は必ず冥界の神々のための日である。これも毎月ある。

建国記念日や女神アテナの誕生日はあるが、アテナイ人は日にちのみで「何周年」か、「いつから始まったか?」は記録していない。なぜなら、多くの都市は「隣の都市より俺たちのほうが古い!」「いや俺のほうが古いから!」と主張することに腐心していたからだ。

というのも、「この土地は元々俺たちの土地だから!」と証明できれば、国境で領土問題が起こった時に有利だからである(現代の領土問題と似ている)。だからこそ「正確にいつ始まったか?」は重要ではなかった。

古代ギリシャ人が予言する破滅の日

「昔はよかった……。それに比べて今は……」「世の中悪くなる一方だ……」とは私たちもよくボヤキますが、2800年前の古代ギリシャ人もまったく同じことを言っています。

「今の世は、鉄の種族の代なのじゃ。この種族は神々によって過酷な心労の種を与えられている」(ヘシオドス『仕事と日』174行目以下。鉄の種族とは、黄金、銀、青銅、英雄の後の第五の種族で、前の4つよりはるかに劣る)。

古代ギリシャ人は地球[*12]全体がどんどん衰えて破滅に向かっている、と考えていました。

その根拠は……、「だって昔に比べて人間のサイズが縮み、明らかに人間の質が低下しているからだ!」というものでした。

古代ギリシャの男性の身長は平均165センチ程度なので、今と比べると少

*12 古代ギリシャ人は紀元前5世紀には大地が球体であることを知っていた。紀元前3世紀には地球一周の長さをほぼ正確に概算してもいた。

ちなみに、世界で最初に地球が丸いことを発見したのはピタゴラスだといわれている。数学の教科書で

し低いですが、偉大な過去の（ギリシャ神話の中の）英雄たちは、今の人間よりもずっと体が大きく、もっと強かったと考えられていたのです。「今どきの人間ならふたりがかりでも持ち上げられないと思われるほどの大岩を、英雄ディオメデスはひとりで軽々と振りまわした」（『イリアス』第5歌３０５行目以下）というように。

また当時も残っていた英雄ペルセウスのサンダルや、英雄ヘラクレスの足跡からわかる足のサイズは、なんと2ペキュス[*13]（約90センチ！）もあったと言われています（ヘロドトス『歴史』第2巻91節、第4巻82節）。現代人男性の靴のサイズが平均27センチだとして逆算すると、身長5メートルはゆうにあった計算になります。

このように世界はどんどん衰え、人間がどんどん縮み、それに伴って人間の質も悪くなっている、と古代ギリシャ人は考えていたのでした。

それでは、そんな彼らの考える「終末の日」とはどんなものでしょう。地球が衰え切ったら、何が起こるのでしょうか。

今の私たちがイメージする「地球破滅の日」というと、空からバンバン隕石

「三平方の定理（ピタゴラスの定理）」でおなじみの彼だ。またアリストテレスはこう書いている。「月食の時に月面に写っている大地の影は丸い。そして南に移動しただけで見える星座が違う。地球は丸い。しかもあまり大きくない球だ……」（『天について』）。

*13　1ペキュスは約47センチメートル。

が降ってきたり、突然に氷河期がやってきたり、何か避けられない天変地異が起こるパターン。もしくは、大規模な核戦争で地上は灰になったのだ……という人間の技術の進歩が原因で人間が破滅するパターン。どちらかがパッと思いつくところでしょう。しかし古代ギリシャ人の考える「終末の日」はこうでした。

「父は子と、子は父と心が通わず、
客は主人と、友は友とおりあわず、
兄弟同士も昔のように親密な仲にはならない。
親が年をとれば、子はこれを冷遇し、罵詈雑言を放ってそしるようになる。
年老いた両親に、育ててくれた恩義に報いることもしない。
そして強い者こそが正しいと考える輩によって、互いの国を侵しあう日が来るだろう。力が正義となり、「恥」という美徳は失われる。……
そうなれば人間には、悲惨な苦悩のみが残り、災難を防ぐ術もなくなるだろう」*14

＊14　ヘシオドス『仕事と日』松平千秋訳181行目以下より一部意訳と抜粋

——そう、**古代ギリシャ人にとっての破滅の日とは、自然災害だとか、技術の進歩だとかによってもたらされるものではありません。それは人間の心からモラルが崩壊する日のこと**でした。

戦争は季節限定の毎年恒例行事

戦争とは何か。「戦争は多くの人が死に、そしていつ終わるともわからない、悲惨なもの」。現代の私たちなら、そういうイメージが強いかもしれません。

しかし古代ギリシャ人にとって**都市同士の戦争は、夏の間しか起きない年間行事のようなもの**でした。夏は農閑期でヒマ[*15]、食料も足りなくなるので、「よし、隣の都市と戦争でもして収穫でも奪ってくるか！」で始まるのです。ですから**古代ギリシャ人は夏しか戦争をせず、**戦争の最長記録もスパルタの40日間程度でした。

夏に戦争を始め、秋になれば「あっ、やべぇ！　もう秋だ！　俺ブドウの収

＊15　奴隷を所有して農地で働かせている市民にとっても、自分で耕さないといけない貧困層にとっても、多くのギリシャ人は農業従事者だった。そのため農業スケジュールに振りまわされる。

穫あるから帰るわ！」「解散！」「また来年！」という感じで戦争は終結。そして戦場の死傷者は一割にも満ちません。*16食料を得るための戦争で人が死ぬのは本末転倒だからです。

　このように古代ギリシャの都市同士は毎年毎年しょっちゅう戦争していましたが、ギリシャの外の国から攻められて戦争が起きることもあります。たとえば紀元前5世紀の「ペルシャ戦争」などが世界史の教科書でも有名ですが、これは紀元前5世紀に、ペルシャ帝国がギリシャに攻め入り、結果ギリシャ連合側が勝利したとても有名な戦争です。

　これは時に「ペルシャ対ギリシャ！　アジアの独裁的な専制君主からヨーロッパが自由を勝ち取った記念すべき戦争！」として紹介されることがあります。ですから、つい「バラバラだったギリシャ全都市が手と手を取り合い、連合してペルシャに勝利した総力戦」……というイメージを持ってしまいがちですが、*17実のところ、ペルシャと戦ったのは、ギリシャ本土で700以上あるギリシャ都市のうちでたった31都市だけでした。……31／700！　全体のたった4％。そしてなんと、ペルシャに抗戦したギリシャ人よりも、ペルシャ側に

＊16　また、古代ギリシャの戦争は次のような制限事項があった。
1．奇襲、宣戦布告のない戦争の禁止
2．夜間攻撃、戦闘期間（夏）以外の戦闘行為の禁止
3．追撃の制限。敗走する敵を追う時間と場所が制限されていた
4．伝令など、戦闘員以外へ危害を加えることの禁止
5．宗教施設（神殿や聖地）の占領は禁止
6．飛び道具の禁止（弓矢や投石など）

＊17　31都市がペルシャに抗戦した理由も、「自由のために！」よりも、「前から気に食わなかった隣の都市の連中がペルシャ側についているから」とかいうものも多かった。

ついたギリシャ人のほうが多かったのです。

古代ギリシャに「神」はいても「宗教」はない

「日本人は、俺たちヨーロッパ人より断然古代ギリシャ人に似ている。初詣や七五三は神社に行って、結婚式は教会で挙げて、葬式は寺で行う。古代ギリシャ人も、産まれた時はアルテミスに、結婚する時はヘラに、葬式ではハデスに供物を捧げていたから」――時に西洋の人々にこう言われることがあります。

この言葉に対して、多くの日本人は、「いやでも宗教を信じているわけではない」、あるいは「信心深いわけじゃない……」と考える方が多いと思います。

しかし、その考え方こそが何より古代ギリシャ人に似ている部分です。

まず、古代ギリシャ語には「宗教」[*18]という言葉はありません。彼らにとって神に祈り、儀礼を捧げるのは、父祖から受け継いでいる「慣習」です。

「宗教を信じているか？」には「ＮＯ」と答えても、「盆に墓参りに行ったり、正月に初詣に行く習慣はあるか？」と問われれば「ＹＥＳ」になる日本人は多

たとえば、フォキス人は隣人のテッサリア人がペルシャ側についていたのでギリシャ側で戦うことにした。また同様の理由で、アルゴス人も、気に入らないスパルタ人がギリシャ側で戦っているのでペルシャに寝返った。敵の敵は味方だから！

＊18　英語のreligion（宗教）という言葉は、ラテン語のreligio（再び結びつける）から来ている。日本語の「宗教」は19世紀に英語のreligionの訳語として定着した。

いはずです。

古代ギリシャでも同じく、「信仰心よりも実践（儀式）」が重要でした。もし何の信仰心がなくても初詣に行き、お盆にはお墓参り、夏に祭りに参加し、ひな祭りや五月の節句などのイベントを行い、家の仏壇や神棚にお供え物をしていたら、古代ギリシャ人から見れば十分「神様を大切にしている！」状態なのです。この一点において、キリスト教の教義を重んじ、信仰心を大切にするヨーロッパの人々からすると「日本人って古代ギリシャ人に似ている」と思う部分といえます。

しかし逆に言えば、古代ギリシャでは**常に心の中で神様のことを思っていたとしても、それが正式な手続きを踏んだ行動に移されない限り、神々は応えてはくれない、**ということも意味しています。

ですから、ここで古代ギリシャの神々への正式な祈り方をご紹介しておきましょう。

〈正式な儀式の手続き〉

＊19 ひざまずくのは地下にいる冥界の神に呼びかけたり、魔術師・呪術師がやるしぐさである。

1. 適切な神をチョイスする。神にはそれぞれ得意分野が決まっているので、一番悩みを解決してくれそうな神、あるいは一番自分に好意をもってくれていそうな神を選ぶ。たとえば病気なら医神アスクレピオス。
2. 水で身を清めたり、硫黄で場を清める（日本の神社の手水のようなもの）。
3. 直立不動で右手を高く上げる。[19]
4. 大きな声で神に呼びかける。「おお、アポロン様！」など。心の中で唱えても神は聞いてくれない。
5. 呼びかける際に、自分のことを神にアピールする。
・自分とその神との関係（俺の先祖の○○はあなたに愛されてました！とか）
・自分が過去にその神に対してどんないいことをしたか（去年あなたに大量の供物を捧げた者です！　覚えておいででしょうか！とか）
6. 神に具体的に何をしてほしいかを言う。
7. そのあとで祭壇に供物を捧げる。[20]（献酒や食べ物。最も威力があるのは動物の血）
8. もしその場で供物が用意できない場合は、「あなたが助けてくれたら、あ

*20　シュラクサイの二階建て祭壇。ここで百牛犠牲（牛を大量に捧げる）の儀式が行われていた。手前の階段から牛が登らされて、腑分けした内臓を焼く煙が2階部分で天上の神々に捧げられ、1階で残りの肉を人間がBBQして食べる。天上の神々は天に煙が昇るように高い祭壇を用いるが、地下神への祭儀の場合は、低い祭壇や穴を用いる。英雄への祭儀も同様。なぜなら英雄は死んでいるので地下にいるから。ちなみに、天上の神々への供物は焼いたら人間も食べないといけないが、地下神への供物は食べてはいけない。

とで必ず○○を奉納します！」と約束する。

この手続きを踏めば、気が向けば神は人間の願いをかなえてくれます（神々は気まぐれです）。このように古代ギリシャの宗教は「信じることよりも行動すること」が重要視されたのです。

コラム6
古代ギリシャの夢占い

神々に対する盛大な祭儀や、アポロンの神託所へ予言を聞きに行くほかに、古代ギリシャでは個人的な「占い」[*21]の類も信じられていました。その代表が「夢占い」です。彼らは夢を神からの警告や未来を示す神託の一種だと考えており、正しく解釈するために専門職の「夢判断師」さえ存在していました。

現代の日本でも、書店へ行けば夢占いの事典がたくさん並んでいて、そこに書かれた「髪を切る夢は失恋の暗示」などの一文を見て一喜一憂してしまう人もいると思います。

それでは、「夢」が今よりもずっと絶大な力を持っていた時代にはどんな夢がどんな未来を暗示していたのでしょうか。その一部[*22]を見てみましょう。

＊21　古代ギリシャには夢占いのほかにも、数多くの占いがあった。星占い、鳥占い、水占い、鏡占い、臓物占い、死者占い、人相占い、体型占い、チーズ占い、などなど。

＊22　以下、後2世紀に纏められたアルテミドロスの『夢診断の書』(アルテミドロス著)から。(参照：『夢判断の書』アルテミドロス著　城江良和訳　国文社　1994年)

髪を切る夢

床屋で髪を切ってもらう夢は誰にとっても吉。「髪を切る(KAPHINAI)」を一字入れ替えると「喜ぶ(XAPHINAI)」になるからだ。それに、床屋で髪を切るのは身だしなみに気を使う余裕がある人であり、悲しみや苦難とは無縁の状態を暗示するからである。

一方、自分で髪を切る夢は凶。突然の苦境に襲われて床屋へも行けないような悲惨な境遇に陥ることを意味する。

「美容院や床屋に行って髪を切る」のは今でもある程度時間と心に余裕がある時でないとできないかもしれません。このように、古代ギリシャの夢占いは、理由や根拠が論理的に示されています。

加えて、古代ギリシャの夢占いの最大の特徴は、**「その夢を見た本人の健康状態、職業、性別などによって意味が真逆になることがある」**ということです。

雷に打たれる夢 *23

貧しい者には吉、金持ちには凶。なぜなら雷に打たれた者は、一瞬にしてそれまでとは違った人間になるのだから、貧しい者は金持ちになり、金持ちはその逆になることを意味する。

未婚の男性には金持ちであれ貧しい者であれ、結婚を予言する。火と女ほどに、体を熱くしてくれるものはないから。しかし既婚者にとっては、離婚か、友人や兄弟と敵対することになる。雷は結びついているものを引き離すからだ。

このように、夢を見た人の職業、健康状態などによっても意味が異なるのですから、専門職の「夢判断師」がいたというのも納得です。

この他にも、空を飛ぶ夢や、歯が抜ける夢、自分が死ぬ夢、性的な夢など、「やっぱり古代ギリシャ人も現代人と同じような夢見てたんだな……」と思う夢診断がある一方で、「これは現代の夢占いの事典には絶対載ってないぞ……」と感じる古代ギリシャ人ならではの夢もあります。

＊23　この他にも次のような夢占いがある。
白い服を着ている夢
奴隷にとってはキレイな白い服は解放の象徴であるから吉。しかし職人にとっては職を失うことを暗示している。なぜなら、人は手仕事をする時、白い服を着ないものだからだ。
病人にとっては死の前兆。なぜなら死者は白い布にくるまれる習慣があるからだ。逆に黒い服は快復を暗示する。黒い服を着るのは死者ではなく、生きて死者を弔《とむら》う人だからだ。

神とセックスする夢 *24

　病人には死の前兆。なぜなら魂は肉体を去る時が近づくと、神々との交信を予感するから。健康な人にとっては、性交から快楽を得たのなら身分の高い人からの援助を意味し、快楽を得なかったのなら恐怖と混乱を意味する。

　アレスと性交する夢は、近々外科手術が必要になることの暗示である。アレスは戦の神で鉄を象徴しているからだ。しかしその夢の中で痛みよりも快感が勝っていれば手術は成功する。

　セレネ（月の女神）と性交する夢は、船乗りや貿易商、旅行家などにとって吉。月は絶えず動いており、旅を続ける者にとっては有益である。しかし、その他の人がこの夢を見ると、月は水気が多いから水腫を患《わず》って死亡するだろう。

　ただし、アルテミス、アテナ、ヘスティア、レア、ヘラ、ヘカテといった貞淑で厳格な女神と性交する夢は、たとえ快楽を得たとしても死を覚悟せよ。恐れ多くも、これらの女神に手を出した者がどうなったかは神

*24　単に「神が出てくる夢」だけでも、それぞれの神によって多彩な意味がある。たとえば、冥界の神であるハデスとペルセポネが夢に出てきた場合は、何かを恐れている人には吉。なぜなら彼らと共にいる死者は、もはや何一つ恐れることがないからだ。

話が示すとおりであるから。

……この他にも、肛門が喋り出す夢、変態的なセックス、アリが耳の中に入る夢など相当細かい夢診断もたくさん残されています。古代ギリシャ人は夢を重要な予兆だと捉えており、夢の中に出てくる神が実際に病気を治療してくれる、とさえも考えていました。そのお話は本文の「病気の治療は夢の中で」の項目（250ページ）でお話することにしましょう。

3 愛と病、そして死と永遠

壺絵の落書きの意味

博物館に収められている古代ギリシャの壺の裏側や、今も残る遺跡の壁をよく見てみると、古代ギリシャ人が刻んだ落書きを発見することができます。彼らはどんな言葉を刻んでいたのでしょうか。例をあげてみましょう。一般市民のために作られたふたりの男性が描かれた壺絵の底には、こんな文章が刻まれています――。

ΑΠΟΔΟΣΤΟΔΙΑΜΗΡΙΟΝ
「約束しただろう、素股[25]（股間淫）をさせてくれるって！」

*25 「ディアメリゼイン」（太もも間で性交する、の意）。あの無敵のアレクサンドロス大王も、「（戦友）ヘファイスティオンの太腿に支配されているうちは善い大人にはなれんぞ」と非難されていた。（シノペのディオゲネスが大王に宛てた手紙）

「素股」は主に男性同士で行う行為でしたので、この落書きは男性から男性に向けた恨み節だ、と想像することができます。

さあ、大人の皆さんにはお待ちかね、子供の皆さんはここで本を閉じていただきたい「性について」の節がやって参りました！　遺跡の壁に残る古代人の落書き[*26]、壺の裏に書かれた文字……、永遠に日本語に訳されることがないであろう、こういった古代人のリアルな声は、（同性、異性問わず）愛する者への告白、そして卑猥《ひわい》で奔放《ほんぽう》な文章に満ち溢れています。

ここを書かずして「古代ギリシャのリアル」は終われません。決して歴史の教科書や授業では教えてくれない、古代ギリシャの奔放で自由な性の世界をひも解いていきましょう！

「ギリシャの愛」とは？

「greek love」（ギリシャの愛）。――この単語を英和辞典で引けば、すぐに「男

素股をする男性同士のカップル（右）。

また、古代ギリシャでは男根は小さく包皮が被っているほうがよいとされた（大きな男根は野蛮の象徴であり、これが古代ギリシャの彫像の男根が小さい理由である）。ちなみに、哲学者アリストテレスは男根が大きいと精液が冷えるので子をなす時にも不都合があると言っている。

*26　古代ギリシャでは識字率が低かったので、落書きは「○○さん、好き」「○○さんは、きれい」といった簡単な単語で構成されていることが多い。

性同士の同性愛の意」と出てきます。**今でも男同士の同性愛を指す言葉としてこの「ギリシャ的な愛」[*27]という表現はよく使われており、今もなお同性愛のイメージとして「古代ギリシャ」が君臨しています。**

ギリシャ神話の中でも、現実の古代ギリシャ社会でも、男性は女性を愛するのと同じように男性を愛していました。たとえば、それはこんな風に詩の中に描き出されています。

「ああ、なんてつらい病に取りつかれたことだろう。
少年への愛が、熱病のように俺を苛《さいな》んで2カ月にもなる。
容姿は並みのはずなのに、頬に浮かんだあの甘い微笑みよ。
昨日は通りすがりにまぶたの間からチラリとこちらを見て、
目を合わせるのを恥じて赤くなった。
愛が俺の心をわしづかむ……
……ダメだ、俺は何を考えているんだ。
もはや分別を持たねばならぬ歳だ。

＊27 現代ギリシャ人はキリスト教徒なので、この表現を快く思わない意見も多い。たとえば2004年のハリウッド映画『アレキサンダー』に対しては、「ギリシャ人であるアレクサンドロス大王を同性愛者として描くなんてやめろ」とギリシャからクレームがついた。
しかし、歴史的に見ればアレクサンドロス大王は両性愛者（バイセクシャル）である。

歳のいったものは少年への愛の苦しみから
遠ざかるのが望ましいというのに。
しかし無駄なあがきだ。愛の神に打ち勝とうなどとは。」
（テオクリトス[＊28]『牧歌』エイデュリア第30歌、古沢ゆうこ訳より抄訳）

古代ギリシャ人の多くは、恋に性別は関係がなく、両性愛者（バイセクシャル）が一般的でした。古代ギリシャでなぜ同性愛の慣習が広まったかは定かではありませんが、「同性愛はクレタ島で増えすぎた人口を調整するために生まれた」と言う古代人もいれば、「なぜ俺が少年を愛するかって？　美しいからだよ！　理由なんているか！」という言う人もいます。また女性の地位が低かった古代ギリシャ社会では、「対等で真の恋愛は男性同士の間でしか生まれない、異性愛よりも同性愛のほうが上だ！」という考え方すらありました。

もちろん、現代人と同じく古代ギリシャ人も性の好みは人それぞれなので、結婚してもしょっちゅう少年の尻を追いかけている男もいれば、まったく同性愛をしなかったり、非難したりする人もいました。

＊28　テオクリトスはヘレニズム期の詩人で市民の生活目線の詩を数多く残した。

一方で、前掲の詩にも表されているように、**古代ギリシャにおける「同性愛（少年愛）」は完全に自由ではなく、いくつかのルールの下で行われていました。**

〈同性愛のルール〉[*29]

・肉体が目当ての同性愛は軽蔑される。

・必ず大人の男性が若い少年をリードすること。同い年同士の同性愛、年長者が愛される側に回ることはダメ。愛する側が愛される側を精神的に指導する状態がベストだと考えられていた。

・愛される側（受け手）の男性は12〜20歳までの間。[*30] ひげが生えそろったあとにも受け手をやる男性は軽蔑された。

・愛する側は40歳ごろには少年愛を卒業しているのが望ましい。

また、愛される側にも以下のようなお作法がありました。

・自ら性行為を求めるな。

＊29　各都市においてプラスアルファのルールや例外もある。たとえば、クレタ島では同性同士の愛が成立すると新婚旅行（旅行に行って2カ月同棲）をした。一方、ボイオティアでは本当に男同士で結婚することができた。

＊30　「12歳の少年は初々しく、13歳はもっと愛らしい。14歳で開花する官能の何という甘美、いや15歳はより芳しい。16歳の美しさはもはや神の域、そして17歳……美が極まってゼウスが連れ去り、俺たちにはわからない」というエピグラム（警句）もある。

＊31　市民男性にとって受け（ネコ）側で性楽を得た場合、淫乱だとそしられた。

・心より先に体を許すな。
・性行為によって性楽を得るな。[*31]
・性行為中に屈服的体位をとるな。
・自分の体のいかなる開口部にも相手の男性器の挿入を許すな（肛門、口腔での性交はよくないこととされた）。[*32]

以上のようなルールを各自守ったうえで、男性は運動場などに赴《おもむ》き、お気に入りの少年を見つけるとさまざまな贈り物をしたり、時には家の前まで行って一晩中竪琴片手に歌を歌って気を引いたりしました。そして時には恋のライバルとなる男をぶん殴って退場させたりもしたのです。

そんな恋愛における苦労や嫉妬も次のように歌い込まれています。

「愛する少年よ、お前は全身全霊で俺を愛してはくれない。
俺はお前の機嫌がよければ幸せな日を過ごし、お前が不機嫌ならば暗闇に陥る。

*32 もちろん左図のように肛門で性交する場合も実際にはあった。

恋する者をこんなに苦しめるのは、正しいことか？

若いお前が年上の俺のいうことを聞くのが、自分自身のためにもなるのに。

それなのにお前ときたら、誰かがお前のきれいな顔を褒めると、すぐさま
親友のように仲よくなって。

生涯、親友はひとりであるべきだろう。

もっと優しく俺の想いに誠意をもって応ずるべきだ。

そうすれば、お前の頬に大人の髭が生えた時、恋が去っても友情が残るだろうから[*33]」

（テオクリトス『牧歌』エイデュリア第29歌、古沢ゆう子訳より抄訳）


さて、ルールのどおりにやれば必ず意中の少年と両想いになれるというわけではありません。もちろんフラれることも多いです。フラれた時のこんな歌も存在します。

「ある男が冷酷な少年に恋をした。

＊33　「髭が生えたら、この恋は終わって友人関係になる」という部分は、先に挙げた古代ギリシャならではのルールの存在を感じる。成人になった男性は、「愛されて」はいけないのである。

姿は美しいが性格は真逆だ。[34]

出会っても話かけても、そっけないばかり。

恋に燃える男をなぐさめず、唇に微笑みもなければ、頬も染めず、接吻もしない。

……それでもなお彼は美しく、恋する男をますます魅了した。

ついに男は恋の激しい炎に耐え切れず、少年の家を訪れ、泣きながら戸に接吻して曰く、

「残酷で無情な少年よ。お前に最後の贈り物を持ってきてやった。

首つり縄だよ。私のための。

これで、少年よ、もうお前を見つめて悩ませはしないよ。

だが私の最後の願いを聞いてくれ。

お前が外に出て、哀れな私が扉の傍で首をつって死んでいるのを見る時は、
どうか通り過ぎないでほしい。

立ち止まって短い間でも嘆いて、涙を流してほしい。

それから最初で最後の接吻を、私に与えてほしい……。

*34 皆さん容姿ばかり褒めているが、それもそのはず、古代ギリシャは「カロカガティア(美即善)=美しいものはそれだけでいいもの」という、究極の「かわいいは正義！」社会だった。

こう言って彼は愛する少年の家の前で首をつって死んだのだった」

——今のご時世にこういうつきまとい行為をやったらストーカー認定からの警察沙汰だし、「振り向いてくれないからって、腹いせに相手の家の門で首つるなんて恋に狂った人間は恐ろしい…」と思うところです。——しかしこの話にはさらに恐ろしいこんな続きがあります。

…少年は扉を開けて自分の家の敷居につられている死者を見たが、ひとつも心を動かさず、嘆きもせず、何の供養も行わず、そのまま平気で水浴び場へと赴いた。

すると、傍に建っていた愛の神エロスの石像が傾き、水に入った少年の上に落ちて彼を打ち殺した。水はその血で真紅に染まった——。

そして、声だけが響いた。

「恋する者たちよ、喜べ。恋を嫌った者は死んだ。

恋を嫌う者がいるならば、心得えよ。神は正しい裁きを心得ておられるぞ」
（テオクリトス『牧歌』エイデュリア第23歌）

今なら「好きでもない男につきまとわれて大変だったね」と慰《なぐさ》められて当然のはずの少年が、逆に神罰を受ける羽目になる結末です。「恋」や「性欲」も彼らの感覚では神のなせる業《わざ》だったので、それを拒む者は愛の神に無礼を働いているのと同じだったのです。

愛の力は強力で、それはテーバイ市の男性同士のカップルで構成された「神聖隊」という精鋭部隊を見てもわかります。この部隊が精鋭でいられたのは、「男たちは愛する男性の前では、みっともない姿をさらすより勇敢に戦って名誉ある死を選ぶからだ」（アテナイオス『食卓の賢人たち』）といわれていました。

このように古代ギリシャでの恋にまつわる話をしたらきりがありません。異性間、同性間に関わらず人を恋し、時には嫉妬し、恋する者を守るために戦っていました。それは詩人が残した美しい愛の詩や、遺跡の壁に残る「あの子はとっても美しい」「彼が好きだ！」というたくさんの落書きから、今も読み取

*35 男女の恋愛については肉体関係が仄《ほの》めかされる詩もある。
羊飼い「震えないで、怖がらないで、かわいい乙女よ」
少女「ああ、いや！　どうして帯をほどくの？　それに私の服を裂くなんて」
羊飼い「君に婚礼のための衣を、別に買ってあげる。なんでもあげるから。できるなら、僕の魂だって加えてあげたい」
少女「なんでもくれるって言いながら、あとになったら何にもくれないくせに。ああ、アルテミス様！　あなたの教えに背くことをお怒りになりませんように！　私は乙女としてここに来たけれど、妻となって帰ることになりそうです……」
（テオクリトス『牧歌』エイデュリア第27歌　抄訳）

ることができます。

妻の証言「男性は口から悪臭がする生き物」

同性間の恋愛と違い、異性の場合は「結婚」制度があります（一部地域では男性同士も結婚できましたが）。

古代ギリシャの妻たちはどのような生活を送っていたのでしょうか。それは、このシラクサ王ヒエロンとその妻のエピソードが端的に教えてくれます。

ヒエロン「おい、妻よ！　今日俺の政敵に『うわっ……、お前の口、臭っ！』って言われてすげー恥かいた！　どうしてお前は俺の口が臭いことを教えてくれなかったんだよ!?」

妻「えっ……男の人って、全員口から悪臭がする生き物だと思ってたんだけど違うの？　あなた以外の男性と会わないからわからなかったわ」

（プルタルコス『モラリア』「いかにして敵から利益を得るか」）

――この夫婦の会話からもわかるように、古代ギリシャでは、妻は夫以外の男性にはほとんど会うことはなく、男性が一日中外に出ておしゃべりや討論や政治活動をしている間、家から出ることすらほとんどありませんでした。女性は[*36]慎《つつし》み深く家に籠《こも》って、男に顔を見せるべきではない、と考えられていたのです。**古代ギリシャは男性中心の世界で、今から考えると女性は極めて抑圧されていました。**

古代社会における女性の最大の役割は[*37]「子どもを産むこと」でした。女性は何もわからない15歳くらいで自分の父親と同じくらいの歳の男性に嫁ぎ、若すぎる妊娠と出産で命を落とす者も多くいました。今では医学の祖と言われる古代ギリシャのヒポクラテスも、こんなことを書いています。

「セックスをしている女性は、そうではない女性よりも健康的だ。セックスによって常に子宮を湿らせて乾かないようにしろ。乾きすぎると子宮は収縮して痛みの原因になる」

[*38]とにかくセックスして子どもを産め！　が古代ギリシャの女性に課せられた

***36**　市民ではない女性（在留外国人や奴隷）は、これには当てはまらない。彼女たちは娼婦や産婆として、その特殊技能を生かして仕事をもって自活していた。ある意味では市民身分の女性よりも自由だった。

***37**　なぜか「子どもの産めない女性」の史料はない。奴隷に産ませた子どもを自分の子どもとして育てていたのかもしれない。

***38**　ただし、結婚したくない女性にも道は残されていた。たとえばアルゴスには、結婚したくない女性が巫女になるための駆け込み寺のようなアポロンの神殿もあった。

仕事だったのです。

一方で、古代ギリシャは一夫一婦制ではありましたが、「自分の家を継げる子供を産める女性はひとり」ということをわかってさえいれば、男性は何をしても問題がありませんでした。他の女性とセックスしても、買春をしても、同性愛をしても、まったく咎《とが》められませんでした。

そして男性は堂々とこうも言います。

「遊びのためには娼婦が、身の回りの世話は妾《めかけ》が、そして子を産ませる忠実な家の守り手には妻がいる」、「なぜ私がお前を妻に迎えたかわかるか？　他の女でもまったくよかった。しかし、家を切り盛りし、子育てのための最良の縁組であるかどうかを我々の両親が熟考した結果、こうして夫婦になったのだ」

この女性の地位の低さから見て、こういう解釈もあります――「古代ギリシャ*39では、男女の間の対等な恋愛は成り立っていなかったのではないか？　妻の役割は子どもを産み育てるだけだったので、夫婦間に愛情はなかったのではないか？」。

女性が自分の境遇をどう思っていたのか、夫を愛していたのか、それはわか

*39　加えて、もし誰かと結婚したあとで女性が「ひとり娘」になってしまった場合は、法律上は夫と離婚して、父を除く最も近親の男性と結婚しなければならなかった（男性のほうには拒否権がある。最も近親の男性が結婚を拒否した場合、その次に近親の男性へと権利が移る）。つまり女性が結婚において自らの意志を表明できる機会はひとつもなかったのだ。

*40　映画『３００』の続編で主役にもなったペルシャ戦争勝利の立役者。

りません。古代ギリシャの証言はほぼすべてが男性の書いたもので、男性側の意見しかないからです。しかし、その中にも、かの有名な将軍テミストクレス[*40]のこんな言葉があります。

「ギリシャで一番強い男がこの俺だって？　違うね。それは俺の息子さ。確かに、全ギリシャを指揮するのはアテナイ人で、そのアテナイ人を指揮するのはこの俺。だけどその俺に命令出してるのは俺のカミさん！　でもって、そのカミさんは息子のいいなりだから！　息子が全ギリシャで最強なんだよッ！」

（プルタルコス『テミストクレスの生涯』18節15行目以下）

このエピソードから、テミストクレスが家庭内では奥さんの言うことをある程度聞いている姿が垣間見れるのです。

コラム7
『ハレイオス・ポテールと賢者の石』
〜古代ギリシャ語訳版
ハリー・ポッターを読む〜

ご存じ、世界的大ベストセラー『ハリー・ポッターと賢者の石』。なんとこの本、古代ギリシャ語に翻訳されて出版されています。[41]……その名も、『ΑΡΕΙΟΣ ΠΟΤΗΡ καὶ ἡ τοῦ φιλοσόφου λίθος』＝（ハレイオス・ポテール・カイ・ヘ・トゥー・フィロソプー・リトス）「ハレイオス・ポテールと賢者の石」。

21世紀現在、古代ギリシャ語が母国語である人は世界70億分の0人。「なぜわざわざ死語である古代ギリシャ語に訳す必要が⁉」と驚きを隠せませんが、西洋の人々にとって古代ギリシャ語は日本人にとっての古文や漢文のように教養として学ぶ言語です。今古代ギリシャ語を学んでいる子どもにとっても、昔

＊41　*Harry Potter and the Philosopher's Stone*（*Book 1*）: *Ancient Greek Edition* J. K. Rowling（著）、Andrew Wilson（翻訳）２００４年

さんざん勉強させられた大人にとっても、専門的知識をフルに使ったワクワクする試み……、それが『ハレイオス・ポテールと賢者の石』なのです。さあ、その世界を少し覗いてみましょう。

現代の本を古代ギリシャ語に訳すにはさまざまな問題が立ちふさがってます。まず、「古代ギリシャ語は文法のルール上、男性名は基本的にSかRかNでしか終われないという点です（古代ギリシャの男神や男性の名前はすべてこのうちのどれかで終わっているはずです）。*42

これを解決するために、たとえば主人公のハリー・ポッターを古代ギリシャ風に「ハレイオス・ポテール」へと翻訳。「ハレイオス」は「戦神アレスの男」、「ポテール」は「コップ」の意。「ポッター」は英語で「陶器を作る人」の意なので、それを連想させています。

同じように、ドラコ・マルフォイ→ドラコーン・マルタコス（マルタコスは「臆病」の意）。

スネイプ先生→シナプス先生（これは「からし男」の意。彼がハリーに対し

*42 古代ギリシャ語は固有名詞も格変化します。たとえば「ヘルメス」の場合、
Hermes（ヘルメスが）
Hermou（ヘルメスの）
Hermei（ヘルメスに）
Hermen（ヘルメスを）
というように語尾を変化させて格を表します。

て厳しいという性格から連想してこちら)。

名前の壁を乗り越えたところで、さらに立ちふさがるのが、「古代ギリシャにない現代の品々をどう訳すか?」問題。車やオートバイ、特急、ネクタイなど……。

たとえば、ハリーが魔法学校に行くために義父に「車で送っていただけますか?」というところは、「自動で作動する戦馬車(ト・アウトキネトン・オケマ‥車)で送っていただけますか?」。

同じようにオートバイは、「自己前進する2つの輪(アウトキネトス・ディクロス)」、特急列車は、「素早く進むもの(オキュポロス)」。飛行機は、「空飛ぶボート(アエロスカポス)」。

……古代ギリシャ語に訳すと、もはや魔法世界より現実世界のほうが魔法的ワードさく裂です。

改めて古代ギリシャとの生活様式の違い、昔はなかった概念や品々を発見しつつ、「こう訳すのか!」[＊43]という発想の妙を味わえる古代ギリシャ語訳版・ハリー・ポッター。

＊43 訳者は「新聞」を訳すのに一番頭を悩ませた、と話している。毎朝情報が紙の束で届けられる、という概念は古代にはなかったからだ。

古代ギリシャ語にご興味がある方、すでに学んでいて一味変わったものを読みたい方、または全世界70億分の0人の古代ギリシャ語ネイティブの方。ぜひ9と4分の3《エンネア・カイ・タ・トリア・テタルタ》番線から出発するホグワーツ特急《オキュポロス・ヒュゴエティケ》に乗り、ハリー・ポッター《ハレイオス・ポテール》と一緒に魔法の世界へ出発《アナバシス》しましょう！

病気の治療は夢の中で

第2章で浮気した人間の彼女・コロニスをアポロン神が殺してしまう神話をご紹介しました。彼女のお腹には子供がいて、アポロンは死体からその赤子を取り上げて命を助けた、という話です。さて、その赤子こそ、健康のためなら死んでもいい男こと、後《のち》に*44古代ギリシャの医術の神として名を馳《は》せるアスクレピオスでした。

父アポロンと息子アスクレピオス、ふたりの医術の神が祀られている神域は、お参りすれば病気が治ると古代ギリシャ人に大変な人気でした。それが「*45エピダウロスの医療神域」。今も現存する、ギリシャの世界遺産です。

さて、古代ギリシャの医神はどのようにして病人を治したのでしょうか？古代ギリシャ人はどんな病気を治そうとしていたのでしょうか？　その具体例がわかる碑文があります。今でもこの神域に立つ石碑、「アポロンとアスクレピオスの治癒集」。このひとつの碑文から見えてくる古代ギリシャの病気と医療を紐解いてみましょう。

*44　名医すぎてすべての病気を治し、死者すらも生き返らせてしまったアスクレピオス。そのため世界の秩序を守る神ゼウスや冥界の死者の王であるハデスを怒らせて、雷に打たれて殺されてしまう（彼は母親が人間だったため、完全な神ではなく不死ではなかった）。
息子を殺されて憤ったアポロンは、ゼウスに反逆して罰せられてしまう。しかし最終的にアスクレピオスは、その功績が認められて医術の神として天界で神の座を与えられた。

蛇が一匹巻き付いた杖をシンボルに持っているアスクレピオス。

*46 テオス　テュカ・アガタ
「神。神慮めでたく」

「アポロンとアスレクピオスの治癒集」

以下、20人の患者の症例とその治療法が書かれていますが、碑文は長文なので、まずは箇条書きにします。

1. 5年間妊娠状態にある女性患者を癒す
2. 3年間妊娠状態にある女性患者を癒す
3. 指が動かない男性患者を癒す
4. 片眼が見えない女性患者を癒す
5. 声の出せない少年の患者を癒す
6. 額《ひたい》に傷がある男性の患者を癒す
7. 他人から預かった医療費を横領した男性患者を罰する
8. 落石に巻き込まれた少年を医療費を取らずに癒す
9. 片方の眼球がない男性患者に眼球を作る

*45 エピダウロスのアスクレピオス神殿。今は瓦礫になっている。巨大な劇場で有名。

10. 壊れたコップを元通りに直す
11. 神の治療室を覗こうとした男性、天罰により失明する
12. 槍が顎に刺さった男性を癒す
13. 継母によって飲み物に毒（ヒル）を入れられた男性の胃からヒルを取り出す
14. 尿道結石の男性を癒す
15. 足の不自由な男性を癒す
16. 足の不自由な男性を癒す（2）
17. つま先を怪我している男性を癒す
18. 目が見えない男性を治す
19. ハゲの男性を治す[*47]
20. 目が見えない少年を治す

不妊治療や戦争で負った傷、生まれつきの不自由を癒すものが多い[*48]ですが、中でも特に目に留まるのは、10番の「壊れたコップを直す」。それはもはや医

*46 「神。神慮めでたく」は古代ギリシャの公的な碑文の文頭に置かれる定型句。左、実際に碑文が彫られている石。

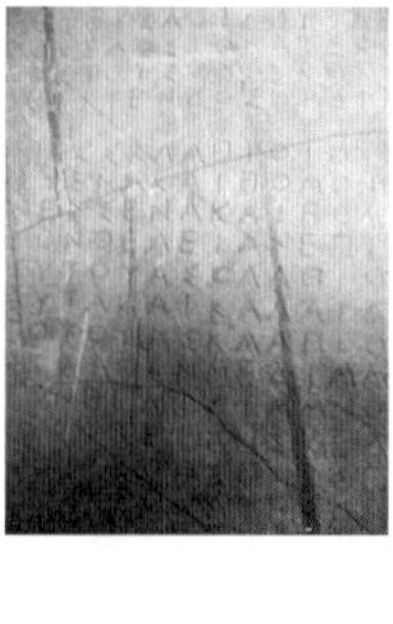

*47 碑文中に「頭に毛がないことを皆に嘲笑される」という描写があり、当時はあまりいい見た目だと思われなかったらしい。

*48 生死のかかった緊急性の高い患者は来ていない。ここは医療の神域であるが、病院ではない（古代ギリシャに病院はなく）、現在でいう健康ランドに近かった。

術じゃないんじゃないか？　というところと、19番、「ハゲの男性を治す」の部分――「ハゲは病気！」という古代ギリシャ人、衝撃の見解です。

さて、それではこの中から2人の患者への治療を抜粋して見てみましょう。

【患者2番：3年間妊娠状態にある女性患者を癒す】（意訳）

ペレネに住むイスモニカという女性が不妊治療のために神域にやってきた。

彼女が神域で横になって眠ると、夢枕にアスクレピオス神が現れた。

「神よ、私は妊娠したいのです……できれば女の子を」

そう嘆願すると、神は答えて曰く。

「わかった、わかった。女の子を妊娠したいのね。……他に希望は？」

「いえ特にないです」

間もなく彼女は妊娠したが、なぜか3年間出産できず妊娠状態が続いた。

困り果てた女性は再びやって来て、

「神よ、確かに妊娠はしましたが、3年間も出産できないでいます。なぜでしょう？」

再びアスクレピオスが夢に現れて曰く、

「え？　だって君、女の子を妊娠したい以外、特に希望はないって言ったじゃん」

「違います。妊娠かつ、出産したいんです」

「じゃあ最初からそう言ってくれないとわからないよ」

かくして女性は「女の子を妊娠して、出産したい」という希望を神に伝え、目覚めて聖域から出ると無事に女子を出産したのだった。

「だって出産は言ってなかったじゃん」という、とんちか古典落語か？　というようなオチです。現代だったら完全に医師免許はく奪のヤブ医者ですが、**神には正確に願いごとを言わないと通じないことが多い、という教訓**でもあります。

【患者14番：尿道結石の男性を癒す】（意訳）

ペニスの中に石を持つ男（＝尿道結石）がこの医神の聖域やってきた。

神域内で横になって眠ると、彼は夢を見た。美少年とセックスする淫夢だった。起きると彼は夢精していて、同時に尿道から石も転がり出ていた。

彼はその石を手に心安らかに神域を去ったのだった。


「美少年とセックスする夢で夢精する」……ここがもうほんとうに古代ギリシャらしい！　美女じゃなくて美少年……しかもその結果、夢精して尿道結石が治る！　このフルスロットルの古代ギリシャ感、ここでも健在です。

さて、この碑文内の2つの治療例をご紹介させていただきましたが、察しのいい方ならひとつの重大な事実に勘づいたはずです……。そう、アスクレピオスは外科的な医療行為はまったくしていません。寝ているだけで治る！　これはこの2例だけにとどまらず、他のほぼすべての治療例に共通する内容です。片方の眼球がない男性（9番）に対しても、夢で眼窩の中に薬を垂らすだけで眼球を作り出しているのです。

治療は夢の中でなされる――これはこの神域の実際のシステムをよく表しています。この神域にやってきた患者は、共同寝室（アバトン）*49と呼ばれる場所

＊49　「共同寝室（アバトン）」。この場所で患者は眠って神の啓示を待った。

で夜を過ごし、夢の中で神の啓示があるのを待ちました。

そして昼の間は、神域[*50]にいる「人間の医者」にかかり、薬の処方や外科手術を受けるのです。このふたつがセットで「医術の神の治療」であり、治った者は（たとえそれが人間の医師によるものだとしても）、医術[*51]の神アスクレピオスやアポロンに感謝して奉納品を捧げたのです。こんな風に、**古代ギリシャの医療は、宗教的な（心理的な）治療と医学的な治療が合わさったもの**でした。

「人間にとって一番幸せなことは……」

このようにアポロンとアスクレピオス、ふたりの医術の神の神域は大変に栄えました。しかし診療や医術が発達していた古代ギリシャにおいても、「衛生」の観念はありませんでした。そのため、最大の死因になったのはマラリアや結核などの感染症で、どうやって**疫病が感染していくかについて理解がなく、特に疫病の神が引き起こすものだと考えられていました。**

さて、古代ギリシャにおける疫病の神が誰なのかは、第2章でもお話しした

＊50　神域から出土した医療器具。

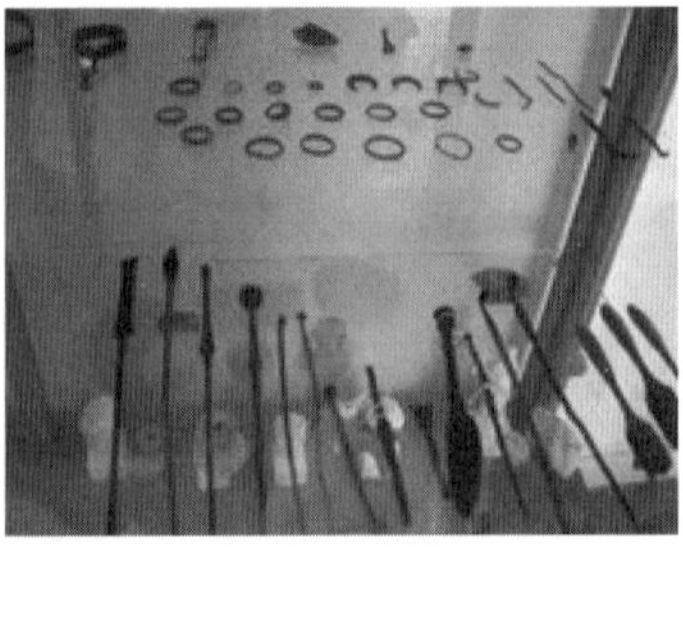

＊51　アスクレピオスもアポロンも同じ医神だが、アスクレピオスは基本的に個人の病気は治せるものの、国家が関わる病（つまり伝染病）になるとアポロンでないと治せない。

とおりです。そう、アスクレピオスの父であり、この神域で彼と一緒に祀られている医神でもあるアポロン自身です。

そして「人間が突然死ぬ」ことを古代ギリシャでは「アポロンの矢に当たる」[*52]と表現するので、疫病以外の突然死を与えるのもまたアポロンです。そう思うと医術の神が疫病の神と死神も兼任しているという恐ろしい状況です。しかし、当の本人はこう言っています。

アポロン「人間にとって一番幸福なことは、死ぬことだ。（だから私は感謝の気持ちとしてお前を殺した）」

――この台詞を医術の神が言っていると思うと、絶対この先生には治療をお願いしたくないな、と思ってしまいます。しかし、古代ギリシャは平均死亡年齢が男性で44歳、女性で35歳の今よりもずっと死が身近な世界でした。アポロン神に言わせてはいますが、これは古代ギリシャ人が考える死生観そのものでもあったのです。

〈アテナイの男女別各種の平均年齢〉

	男性	女性
結婚年齢	27～34歳	13～18歳
死亡年齢	44歳	35歳

※平均死亡年齢には各研究者とも開きがあり、正確なところはわからない。しかし男性のほうが10歳程度長生きだった。男女ともに平均寿命が低いのは、子供の死亡率が非常に高かったから。

「人間[53]がつかの間の幸せを手に入れたとしても、
神々の意思一つですぐに地に落ちる。
はかなき人間たちよ、お前は誰だ？
何者でもないのか？
人間の生など、影が見る一瞬の夢だ。」

セミに見る古代ギリシャと日本

三蔵法師が「西の果て」と言った天竺《てんじく》（インド）よりもはるか西の土地、ギリシャ。そして日本人が法隆寺を建てたり、文字を書き始めたりしたころには滅んでいた文明、古代ギリシャ。地理的にも歴史的にもほぼ接点がない遠い古代ギリシャの生活を見てきて、どのようにお感じになったでしょうか。

「労働は奴隷がすること、しかも人に雇われて働くのは奴隷になるより悪い」という倫理観をお持ちの古代ギリシャ人。「汝ら日本人は勤勉を美徳としているようだが、我ら古代ギリシャ人が美徳とするのは余暇！　ありあまるヒマこ

＊52　女性の突然死の場合は「アルテミスの矢に当たる」と表現する。アルテミスはアポロンの姉。
＊53　ピンダロス『ピュティア祝勝歌第8歌』。

そが人間の証よ！」と言う彼らは、まさに冒頭で引いた「アリとセミ（キリギリス）」のセミそのものに見えます。

ところで、セミといえば、ここにも古代ギリシャと日本の違いを見ることができます。日本人はひと夏のセミの短い一生に「はかなさ」を感じますが、古代ギリシャ人は、翌夏に地中から蘇るさまに「永遠」を見ます。そう、古代ギリシャではセミは復活と不死の象徴だったのです。

ついでに、古代ギリシャではセミはバリバリ食える食材のひとつでもありました。哲学者アリストテレス曰く[*54]、「セミは成虫になる直前のサナギのタイミングと、子持ちのメスの食感が特にうまい」。

一方で、19世紀のギリシャ出身で日本に永住した民俗学者、小泉八雲（ラフカディオ・ハーン）はこうも言っています。

「世界中で、セミの鳴き声を騒音と思わず、美しいと感じているのは古代ギリシャ人と日本人くらいだ」

「閑《しず》かさや　岩にしみ入る　蝉の声」（松尾芭蕉）

＊54 「アリストテレスVSファーブル のセミは美味しいか論争」『ファーブル昆虫記』でおなじみ19世紀の昆虫学者ファーブルは、アリストテレスのこの言葉を確かめるためにセミをオリーブオイル炒めにして試食している。ファーブル先生曰く、「人に勧められるような味じゃないだろ！　アリストテレスほんとは自分で食ってないな⁉」とまったく逆の意見を述べている。
（アリストテレス『動物誌』、ファーブル『昆虫記』）
ちなみに日本でも伝統的にセミを食する地域がある。

「石走る＊55　滝もとどろに　鳴く蝉の　声をし聞けば　都し思ほゆ」（『万葉集』
大石蓑麻呂《おおいしのみのまろ》）

松尾芭蕉の句や『万葉集』では蝉しぐれが趣《おもむき》深くこう表現されています。一方で古代ギリシャ人はこういう手法で鳴き声を表現しています。

〈セミからコオロギへの歌〉＊56

「おおコオロギよ、僕の激情をなだめ、まどろみをもたらしてくれる娘よ
とがった羽の田園の詩女神（ムーサ）よ……
僕のために愛の歌を紡いでくれ
そうしたら君に贈り物をあげるよ　まずはみずみずしい若草を、
その次に僕の口から朝露の一滴を《カイ・ドロセラス・ストマシィ・スキゾメナス・プサカダス》」

〈コオロギからセミへの歌〉

「ああ、ほがらかに歌うセミよ、《アケエイスス・テティックス・》朝露の一滴で酔うセミよ《ドロセライス・スタゴネッシィ・メトゥステイス》

＊55　岩を流れ落ちる滝のように激しく泣くセミの声を聞くと都がなつかしく思われる、の意。

＊56　古代ギリシャ語ではセミは男性名詞、コオロギは女性名詞。つまりこれはセミがコオロギを口説いている歌。

貴方はノコギリのような脚で高い木々に腰かけて
日に焼けた体から竪琴のような調べを奏でる
でも今は、友よ、森のニンフに新しい歌を歌ってあげてよ
[*57]私は愛の神から逃げ出して、眠りの神とお昼を過ごしたいの
プラタナスの影に寄り添って」（メレアグロスの詩。一部抜粋）

この詩の中でやたら歯擦音（シー、シューという発音）が連続しているのは偶然ではありません。この音によってセミの鳴き声を表現しているのです。古代ギリシャ人のセミの表現もなんと粋《いき》なんでしょうか。

——また、セミの命のはかなさを日本の俳人たちが次のように詠めば、

「やがて死ぬ　けしきは見えず　蝉の声」（松尾芭蕉）
[*58]「秋もはや　其蜩《そのヒグラシ》　の　命かな」（与謝蕪村）

古代ギリシャ人はセミの命の不滅をこう歌い上げます。

*57　残念ながらセミはフラれている！

*58　「秋がセミ（ひぐらし）の命のように終わってしまう」の意。「その日暮らし」の自分ともかけている。

「セミよ　なんと幸福な者よ
木のいただきにとまって　ほんの少しの露だけ飲んで暮らして
王のように　なんと楽しそうに歌うのだ
お前は誰のものも奪わずに　すべての人々に愛されて
夏の到来を愛らしく予言してくれる

セミよ　詩神ムーサイが心から愛し
アポロンさえも　汝の歌に心酔し
その澄んだ声を授けられた
決して老いずに　幸せに歌って
死すべき血も肉も持たず　悲しみもない
不死なる神々にも等しき　セミよ！」（アナクレオン『セミに寄せて』）

はかなさと永遠――セミの中に見ているものはまったく違います。しかし、古代ギリシャ人も、日本人と同じようにわざわざセミを虫かごに捕まえて、家で鳴き声を楽しんでいました。そしてセミが死ねば悲しんで、そのお墓を作ってもいたのです。**セミを歌った和歌や俳句は数えられないくらい挙げることができますが、同じくらい、古代ギリシャ人もこうしてセミを愛する歌を歌っていたのでした。**

改めて、遠い昔の古代ギリシャの生活はどう感じられたでしょうか。労働観、恋愛観、感性……どれをとっても遠い世界の話ですが、その中で少しでも親近感やおもしろさを感じていただけたでしょうか。

古代ギリシャ人は遥か彼方《かなた》、遠い昔に滅んだ、私たちとは縁遠い人々です。けれど、私たちが「閑《しず》かさや 岩にしみ入る 蝉の声」と詠《よ》めば、彼らは「ああ、ほがらかに歌うセミよ、《アケエイス・テティックス・》朝露の一滴で酔うセミよ《ドロセライス・スタゴネッシィ・メトウステイス》」とセミの鳴き声を模した歯擦音の美しいあの歌で返してくれることでしょう。「日本は古代ギリシャと同じで、セミがミンミン鳴いている！　夏の間は食料に困んなくていいな！」とセミのオリーブオイル炒めを出しながら。

おわりに

多くの人が古代ギリシャに抱いているイメージ「青い空、輝く海。美しき白亜の神殿、パルテノン」。ここまで読んでくださった方なら、これをこう言い換えてくれるはずです。

「古代ギリシャ！　ブロンズ色の空、ワイン色の海。美しき極彩色の宝物殿、〝百足（ヘカトンペドス）〟」。

ふしぎな色彩感覚を持つ古代ギリシャの人々、彼らは元々「海」を見たことがなかった人たちでした。そしてパルテノン神殿も本当は白ではなく極彩色で彩られていて、その機能は「神殿」というより「宝物庫」でした。さらに「パルテノン」でもなく最初は「百足（ヘカトンペドス）」と呼ばれていました——。

※本書を書くにあたり特にお力添えいただいた下記の方々に、ギリシャ好き《フィレレーン》の藤村より、この場を借りて厚く御礼申し上げます。

心の支えになってくれた〝我がよき友《リッサニオス》〟星彦さん、多くの助言や手助けをしてくれた学友にして〝知恵に名高き《クルトヌース》〟黒川巧さん、そして大学時代から私を導いてくださった〝もっとも尊敬すべき《バナゲトス》〟先生方、Shocacoさん、夏秋香さん、千矢子さん、ひわださん、金田淳子先生、そのほか多くのお力添えしてくださった皆様、どうもありがとうございました！

また増刷にあたりまして、ツイ

そんな「古代ギリシャのリアル」な姿は、いかがだったでしょうか。

私も最初はもちろんギリシャの青い空や白い神殿に恋して、古代ギリシャの勉強をはじめました（きっかけはギリシャ神話をモチーフにしたアニメ『聖闘士星矢』でした）。青と白が清々しいギリシャの香りを追いかけていたら、いつの間にか空はブロンズ色に濁り、海は沈んだ紫色に変わっていました。そして気づくと極彩色の神殿の前に立っていたのです。

最初のイメージとまるで違っても、いつしか私はこの世界に本気で夢中になっていました……緑色の雨が降る大地に、永遠の命を持つセミが鳴いている。そしてこの大地のすべてに彼らの鮮烈なギリシャ神話が血潮のように通っている、この世界に！

彼らが信じた神々への崇拝は、古代ギリシャ世界と共に終焉を迎えました。しかし彼らのギリシャ神話は、今もなお力強く鼓動を打っています。

月に最初に到達したのは20世紀のアポロ11号。これは「古代ギリシャの天駆ける太陽神アポロンから名を取った」とNASAは言います。しかし、古代ギ

ツターの誤字脱字捜索班の有志のみなさまに大変お世話になりました。ここに厚く御礼申し上げます。

リシャから見れば彼は疫病の神でもあり、「人間にとっての一番の幸福は死ぬことだ」と言ってのけるような死神でした。それに気づいてからも、彼はどうしようもなく魅力的でした！　アポロンは朗らかで輝きながらも闇を内包するギリシャの奥の深さそのものに思えました。

そして月だけではなく、古代ギリシャ世界のワイン色の波は、時間も空間も遠く離れたここ極東日本にも打ち寄せています。『聖闘士星矢』や『セーラームーン』ほか、ギリシャ神話をモチーフにしたゲームや漫画にはこと欠きません。

あるいは紀元前７７６年にはじまった古代ギリシャのゼウスを祀るスポーツの祭典「オリンピアの競技祭」。この精神を受けついだ「オリンピック」が２０２０年に東京で行われます。ギリシャのオリンピアの遺跡のヘラ神殿で灯された聖火が、世界中をリレーして東京までやってきます。そう思うと、古代ギリシャは今の私たちにとっても、未だにリアルな世界だと思わずにはいられません。

本書には、私が大好きなそんな古代ギリシャの世界のほんの一部を詰め込み

聖火が灯されるオリンピアのヘラ神殿。ただし、ここで聖火が灯されるようになったのは近代オリンピック以降。

ました。未熟かつ説明しきれていないことも多いとは思いますが、それでも私がいつもこの世界に相対する時に感じるワクワクと同じものを感じていただければうれしいです。また、今後とも古代ギリシャ・神話関係の本をいろいろと出させていただく予定ですので、また同じ彩色豊かな神殿の前でお目にかかれたら幸いに思います。

第698オリンピア紀　第3年　隣人を変える月　第27日※

神々、神慮めでたく

※2015年9月10日

〈紀元前8世紀~紀元前7世紀ごろの最古期に書かれたもの〉

- 『イリアス』ホメロス著　松平千秋訳　岩波書店　1992年
- 『オデュッセイア』ホメロス著　松平千秋訳　岩波書店　1994年
- 『仕事と日』ヘーシオドス著　松平千秋訳　岩波書店 1986年
- 『神統記』ヘシオドス著　廣川洋一訳、岩波書店　1984年

★『ホメーロスの諸神讃歌』ホメーロス著、沓掛良彦訳　筑摩書房　2004年
紀元前7世紀ごろから紀元前1世紀ごろに渡って書かれたホメロスが書いたように装った讃歌集。本文の讃歌に加えて、沓掛先生の詳細な注釈、解説が圧巻。

〈紀元前6世紀~(古典期に書かれたもの)〉

- 『歴史』 ヘロドトス著　松平千秋訳 岩波書店　1972年
- 『戦史』 トゥーキュディデース著　久保正彰訳　1966年
- 『祝勝歌集／断片選』ピンダロス著　内田次信訳 京都大学学術出版会　2001年
- 『ギリシア悲劇全集』久保正彰、松平千秋、西村太良ほか訳　岩波書店　1990～1992年
- 『ギリシア喜劇全集』 中務哲郎、久保田忠利編　2008年～2011年
- 『動物誌』アリストテレース著　島崎三郎訳　岩波書店　1998年

★『イソップ寓話集』イソップ著　中務哲郎訳 岩波文庫 1999年
イソップはこの時代に生きていたと考えられるが、収録されている話はさまざまな時代の「イソップが書いた風」の物語である。

〈紀元前3世紀~紀元後6世紀(ヘレニズム期~ローマ時代に書かれたもの)〉

★『牧歌』 テオクリトス著　古沢ゆう子訳　京都大学学術出版会 2004年
- 『ギリシア神話』アポロドーロス著　高津春繁訳　岩波書店　1994年
- 『アエネーイス』 ウェルギリウス著　泉井久之助訳　岩波書店　1976年

★『変身物語』 オウィディウス著　中村善也訳　岩波書店　1981年
現在の私たちにもなじみが深い「ギリシャ神話」と言えば、このオウィディウス独自のギリシャ神話物語である「変身物語」がベースになっている。
- 『祭暦』 オウィディウス著 高橋宏幸訳 国文社　1994年
- 『メタモルフォーシス　ギリシア変身物語集』アントーニーヌス・リーベラーリス著　安村典子訳　講談社　2006年
- 『ギリシア・ローマ世界地誌』 ストラボン著　飯尾都人訳　龍渓書舎　1994年
- 『神代地誌』 ディオドロス著　飯尾都人訳　龍渓書舎　1999年
- 『ギリシア記』 パウサニアス著　飯尾都人訳　龍渓書舎　1991年
- 『ギリシア案内記』 パウサニアス著　馬場恵二訳　岩波書店　1992年
紀元後2世紀のギリシャの旅行ガイド。
- 『ギリシャ神話集』 ヒュギーヌス著　松田治、青山照男訳 講談社　2005年
- 『夢判断の書』アルテミドロス著　城江良和訳　国文社　1994年

■おもな出典、参考文献

この本を書くにあたり、下記の書籍に大変お世話になりました。どちらの本にもこの本では取り上げられなかったたくさんの古代ギリシャの魅力が詰まっています。特に★印はまったく古代ギリシャの知識がなくても楽しめる本です。ぜひ広大な古代ギリシャの大海原を航海してみてください。

◆辞典、事典類

- *Lexicon Iconographicum Mythologiae Classicae,* (Artemis & Winkler Verlag 1981-2009).
  古典古代神話図像辞典。ギリシャ神話に登場する神・人が描かれた古代の壷絵を網羅した全数十巻におよぶ大辞典。ギリシャ神話のキャラクターが古代でどう描かれていたか、それが何を意味しているか、写真付きでこれ以上に詳しく書かれたものはない。各国の研究者が集まって編纂しているため、中身は英語、ドイツ語、フランス語、イタリア語が項目によって入り乱れているが、図像を見ているだけでも楽しめる。
- *The Oxford Classical Dictionary,* 3rd edn., ed. S. Hornblower and A. Spawforth (Oxford University Press, 1996).
  オックスフォード古典古代辞典。古代ギリシャ・ローマの日常生活、宗教、地理、人物などを網羅した世界で最も参照されている古代ギリシャに関する辞典。古代ギリシャに関して知りたいことがあったら、まずこれ。
- *The Oxford Dictionary of Classical Myth and Religion,* ed. S. Price and E. Kearns (Oxford University Press, 2004).
  オックスフォード古典神話・宗教辞典。上の辞典の神話・宗教バージョン。
- *Brill's New Pauly Encyclopedia Of The Ancient World,* ed. H Cancik and H. Schneider (Brill Academic Pub, 2002 and 2014).
  古代世界百科事典。古代ギリシャ・ローマ世界に関する百科事典で、イラストも豊富。ドイツ語で出版された *Der Neue Pauly* の英訳版。
- 『ギリシア・ローマ神話辞典』高津春繁 岩波書店1960年
  日本でギリシャ神話の人名、神名、地名を調べるためには最も信頼のおける辞書のひとつ。長らく絶版していたが、2014年にようやく復刊して手に入りやすくなった。

◆一次資料（古代に書かれたもの）

日本語訳で参照させていただいたもののみ記す。というのも、原語の古代ギリシャ語やラテン語はもちろん、英訳されたものの多くは著作権が切れているため、web上で無料で読むことができる。(Perseus Digital Library では碑文等を除くほぼすべての著作を原語、英語で読める。 http://www.perseus.tufts.edu/)

★『ギリシア史 (新版 世界各国史)』 桜井万里子編　山川出版社 2005年
古代ギリシャ～現代ギリシャまでを教科書的に通史として語る。ギリシャという国の全体像や歴史の流れを掴むのに最適。
・『ギリシア神話』呉茂一著　新潮社 1994年
・『愛の女神―アプロディテの姿を追って』 J・グリグスン著　榎本武文訳 沓掛良彦訳　書肆風の薔薇 1990年
★『ギリシア神話―神話・伝承でたどる古代アテナイの歴史』 古川堅治著　彩流社 1999年
・『愛の諸相―古代ギリシアの愛』 R・フラスリエール著 戸張智雄訳　岩波書店 1984年
・『図説 古代ギリシアの戦い』 V・D・ハンセン著 遠藤利国訳 東洋書林 2003年
★『古代ギリシアがんちく図鑑』 芝崎 みゆき著 バジリコ 2006年
・『ギリシア人は神話を信じたか―世界を構成する想像力にかんする試論』P・ヴェーヌ著 大津真作訳　法政大学出版局 1985年
・『西洋古代史料集』 古山 正人、田村孝、ほか訳　東京大学出版会　2002年
・『西洋古代史研究入門』 伊藤貞夫、本村 凌二編　東京大学出版会 1997年
・『ギリシアを知る事典』 周藤芳幸、村田奈々子著　東京堂出版　2000年
・『わたしたちのギリシア人』 K・ドーバー (著),　久保 正彰 (翻訳)　青土社 (1982/04)
★『壷絵が語る古代ギリシア―愛と生、そして死』古代オリエント博物館　岡山市立オリエント美術館山川出版社 (2000/08)
★『西洋古典こぼればなし』 柳沼重剛著　岩波書店 1995年
★『語学者の散歩道』柳沼重剛著　岩波書店 2008年
上2冊は、古代ギリシャ・ローマのトリビア的な話が紹介されている。
・『ディオニューソス―破壊されざる生の根源像』 K・ケレーニイ著　岡田素之訳 白水社 1999年
★『アポローン―ギリシア文学散歩』 斎藤忍随著 岩波書店 1987年
・「法隆寺の『発見』」井上章一 『人文學報』67号　168-180頁　1990年
・『世界遺産と都市―ヨーロッパの都市・アジアの都市・日本の都市』 奈良大学文学部世界遺産コース編集 風媒社 2001年
・『黒いアテナ―古典文明のアフロ・アジア的ルーツ』M・バナール著　金井 和子訳　藤原書店 2005年
・『ブラック・アテナ―古代ギリシア文明のアフロ・アジア的ルーツ〈1〉古代ギリシアの捏造』 1785-1985　M・バナール著　片岡 幸彦訳　新評論 2007年

◆現代の文献
- *The Greek myths,* Combine edn., R. Graves (Penguin Books, 1992).
ギリシャ神話を網羅したもっとも有名な本のひとつ。著者の独自解釈が多いため、ギリシャ神話研究本としては批判が数多くあるものの、出典の綿密さ、詩感あふれる語りは他の追随を許さない。日本語版も出ているが、出典の部分は収録されていない。(『ギリシア神話』ロバート・グレイヴス著 高杉一郎訳 紀伊國屋書店1998年)
- *Daily Life of the Ancient Greeks,* R. Garland (Greenwood Press, 1998).
古代ギリシャ人の日常生活。項目ごとに分けられていてわかりやすく、雑学的な知識も豊富。
- *The Delphic Oracle : Its Responses and Operations,* J. Fontenrose (University of California Press, 1978).
デルフォイの神託：その返答と影響。予言の神であるアポロンがデルフォイで下した神託が現存する限り全部リストで載っており圧巻の一冊。
- *Greek & Roman Calendars : Constructions of Time in the Classical World,* R. Hannah, (Bristol Classical Press, 2005)
- *Greek and Roman Festivals: Content, Meaning, and Practice,* ed. J. R. Brandt, J. W. Iddeng (Oxford University Press, 2012).
- *Greek Historical Inscriptions : 404-323 BC,* ed. P. J. Rhodes and R. Osborne (Oxford University Press, 2007).
- *Tradition and Innovation in Hellenistic Poetry,* M. Fantuzzi and R. Hunter (Cambridge University Press (2005).
- *Graffiti and Dipinti (Athenian Agora: Results of Excavations Conducted by the American School of Classical Studies),* M.Lang, (American School of Classical, 1976).
古代ギリシャ人の落書き（落描き）集。古代アテナイの広場から発掘された出土品に刻まれた個人的な愛のメッセージや呪い。
- *Greek Religion: Archaic and Classical,* W. Burkert, trans. J. Raffan , (Wiley-Blackwell, 1991).

- 『古代ギリシアの同性愛』 K・ドーヴァー著　中務哲郎、下田立行訳　青土社 2007年
敬遠されたりスルーされがちな古代ギリシャの同性愛について正面から切り込んでいる名著。
- 『古代ギリシア人—自己と他者の肖像』P・カートリッジ著 橋場弦訳　白水社 2001年
- 『古代ギリシア　11の都市が語る歴史』P・カートリッジ著 橋場弦監修　新井雅代訳　白水社　2011年
- 『ギリシアの古代—歴史はどのように創られるか？』R・オズボン著　佐藤昇訳　刀水書房　2011年

著者略歴　**藤村シシン**　@s_i_s_i_n
作家、古代ギリシャ・ギリシャ神話研究家。1984年生まれ。東京女子大学大学院博士前期課程修了、史学専攻。高校のときに見たアニメ『聖闘士星矢』の影響でギリシャ神話にはまって以来、古代ギリシャに人生を捧げることになる。主な論文に「古代アイギナにおける英雄崇拝の特質：英雄アイアコスとその子孫アイアキダイを中心に」(『史論』65号　2012年、柴田紗江子名義)。

ウェブページ　http://apollonize.her.jp
twitter　https://twitter.com/s_i_s_i_n

古代ギリシャのリアル

2015年10月21日　初版第一刷発行
2016年 2 月 1 日　初版第四刷発行

著　者　藤村シシン
発行者　増田義和
発行所　株式会社実業之日本社
〒104-8233　東京都中央区京橋3-7-5 京橋スクエア
【編集部】TEL.03-3535-2393
【販売部】TEL.03-3535-4441
振替00110-6-326
実業之日本社のホームページ　http://www.j-n.co.jp/

印刷所　大日本印刷株式会社
製本所　株式会社ブックアート
©Sisin Fujimura. 2015 Printed in Japan
ISBN　978-4-408-13362-1 (学芸)

落丁・乱丁の場合は小社でお取り替えいたします。

実業之日本社のプライバシーポリシー（個人情報の取り扱い）は、上記サイトをご覧ください。

本書の一部あるいは全部を無断で複写・複製（コピー、スキャン、デジタル化等）・転載することは、法律で認められた場合を除き、禁じられています。また、購入者以外の第三者による本書のいかなる電子複製も一切認められておりません。